日本民族は国家を防衛できるか

霊学から探る国家戦略

茶谷好晴
Yoshiharu Chaya

たま出版

本書を元東京大学教授で、かつ内村鑑三の直弟子、藤井武先生の愛弟子であった小池辰雄先生に捧げる。

序　説

本書は前著『日本人は神を発見できるか』に引き続き、政治、経済の各論について具体的に論じたものである。前著のやや抽象的過ぎた論説に対し、本書では、「われわれはいかに対処すればよいか」という問題について、具体的に少し詳細に論じたつもりである。ご参考に供し得ることができれば幸いであると思う。

筆者は日本経済新聞を約三十年間愛読しているが、その間、次のようなことを幾度となく体験した。日本経済の景気の上昇により、製鉄産業において、高炉の増設の必要が提案され、高炉の増設が実行されるが、まもなく、いろいろな世界経済の影響や、他の国内産業の事情もあって、景気は下降線をとりはじめる。そして、そこでは高炉の過剰が指摘され、過剰な高炉をどのように削減するかということが日本産業界で取りざたされ、ある製鉄工場の高炉がその犠牲に指定されたりする。ところが、である。しばらくすると、高炉の増設の必要が再提案され、設備投資の推定額が新聞紙上をにぎわし、やがて高炉の増設が実行されていく。

しかし、これも長くは続かない。ＮＩＥＳ等で新しく製鉄産業が発達し、世界的な製鉄生産量が増大し、国内需要の低迷もあって、再び、高炉の過剰が叫び始められる。特にバブルとバブルの崩壊においてしかりである。

この事情は、化学工業の基幹産業であるエチレン・プラントにおいても同様である。プラスチック、化学繊維の発達により、エチレン・プラントの増設が要求される。ところが東南アジア等にもエチレン・プラントが続々と建設され、やがてエチレンが生産過剰だということが明らかになる。すると、エチレン・プラントの減産や、生産中止が話題となる。しかし、やがて景気が回復し、産業が活性化すると、やはりエチレンの供給が不足してくるという指摘が発生し、エチレン・プラントの増設に関心が集まる。

このように、基幹産業自体の設備が増大、あるいは縮小を繰り返し、その間にあって、経済の盛衰を、肌身に体感するものである。

経済には波動があり、景気は波動的に展開するものであるとよく言われ、また経済学のほとんど公理的な常識であるが、本当にこれは、絶対的な公理なのであろうか。

人類において、経済は順調に、より豊かに、単純に増大し、景気は上昇曲線を描いて、豊かに高揚し、人類の文明を、豊かに発芽せしめ、人間の尊厳が限りなく増大していく、そのようなルートをたどることができないのだろうか。

事実、日本経済新聞二〇〇六年一月二十三日の「大機小機」欄に「循環的経済からの脱却」という知新氏の論説が載っている。

その中で知新氏は、「現在の日本にとって重要なのは、この景気拡大を従来型の景気循環に終わらせず、いかに持続的成長を実現するかである」と論じている。

筆者は、このような景気の持続的成長のルートが確かに存在することを確信したいと願う。それは宇宙文明へとたどる長い長い歴史の過程なのではないだろうか。

人間は長らく、地球という限られた球状の平面体の上に、その存在を限定して生活を営んできた。

しかし前著『日本人は神を発見できるか』で考察したように、人間は本来宇宙的存在なのである。われわれの平面を囲繞する広大な宇宙。それが今やわれわれ人類を招き寄せているように見える。

すでにスペース・シャトル計画が発足し、日本人を含めた多くの宇宙飛行士、科学者が宇宙を体験している。そして、地球のかけがえのない美しさと共に、広大な宇宙の存在に、圧倒されている。われわれはやがてこの時空を乗り越え、深宇宙へ飛び立つ日が来るのではないか。

Ｊ・Ｍ・ケインズがいみじくも解析しているように、経済学は、需要と供給の二要素の組み合わせから発生している。われわれは巧みにこの要素を組み合わせることにより、はるかに高く、はるかに広大に、地球の水平線を越えて、はるかかなたの宇宙へと飛び立つことができるはずである。

日本民族よ、われわれはここにこの宇宙文明に飛び立つ経済学を確立し、併せて外交および国防についても考察してみよう。

◆日本民族は国家を防衛できるか　霊学から探る日本の国家戦略　目次

第二部　外交の策定／151

目　次

第一部　二十一世紀日本国家の経済戦略

第一章　日本の経済および景気の現状

日本経済新聞紙によると、三カ月毎に、「主要30業種の動き」というタイトルで産業景気に関する予測(1)が発表されており、過去二、三年間の状況の推移をこれから拾うと、次のような内容になっている。

一、鉄鋼・非鉄……過去の薄日は現在快晴

●二〇〇三年当初は国内需要が低迷していたが、中国を中心とした輸出が好調で高水準の生産が続き、主要メーカーのフル操業が続く。

●自動車向けが七割を占める特殊鋼はフル操業が続く。各社積極投資に乗り出す。

● 高炉各社が強みを持つ高級鋼材は需要が底堅い。
● 大きく値崩れしていた鋼材は値上げ基調が定着。
● 銅箔や金線の加工品は、自動車やIT分野で好調。
● 安全資産とされる金を買う動きが広がる。
● デジタル家電に使う電子材料向けが好調。

二、石油……過去の小雨は現在曇り
● 原油価格は高止まりだが、販売価格への転嫁は進まない。
● 東京電力の原子力発電の影響を受けて火力発電向け重油は需要拡大。
● 運輸など産業用燃料などの値上げ交渉は苦戦。
● 石油化学製品の市況は堅調で、アジアへの輸出増加は続く。

三、電気……過去と同じく曇り
● 工場など産業用需要の回復や「オール電化住宅」拡大で、電力販売量は比較的堅調。
● 原油高で火力発電所の運転コストが高止まり。

四、化学……過去の薄日は現在曇り

● 国内需要は液晶、プラズマパネル、デジタルカメラ用情報電子材料、自動車関連材料がけん引役。
● 輸出は、米景気の持ち直しと旺盛な中国需要によりおおむね堅調。
● 値上げが浸透した汎用樹脂は川下への価格転嫁は進んだが、需要に一時の勢いがない。
● 原料ナフサは高値で推移し、収益を圧迫する。
● 海外でも生産設備の増強が進んで供給は増える。

五、建設・セメント……過去の大雨は現在曇り

● 企業による設備投資の増加を反映して、オフィスビルや工場などの受注が増加。
● 公共工事が低水準であることは変わっていない。
● 機械、自動車、ＩＴ（情報技術）などの分野で明るさのぞく。
● セメントは二〇〇三年度、一九七一年以来の生産量六〇〇〇万トンを割り込む。
● 石炭高騰でセメントの製造コストは上昇しているが、値上げが浸透し始めている。

六、マンション・住宅……過去の曇りは現在薄日

● 耐震強度偽装問題の影響は限定的。
● 都心部の地価上昇や住宅ローン金利の先高感が広がり、マンション販売は上昇基調。
● 郊外に多い戸建て住宅は都心回帰の流れで低迷。

七、紙・パルプ……過去と同じく曇り

● チラシやパンフレットなど商業印刷用紙が引き続き好調。
● 印刷用紙にどの程度浸透するかが焦点。
● 重油などの原燃料が各社の業績を圧迫。

八、繊維・アパレル……過去の曇りは現在薄日

● 四月下旬から始まるクールビズ商戦は盛り上がりそう。
● 男性の衣料消費は回復傾向。
● 女性も高額商品で引き合い強し。

- 衣料用繊維は価格転嫁が順調に進む。
- 産業用繊維は飛行機や自動車向けで好調。

九、プラント・造船……過去の曇りは現在快晴

- 中国、インドのエネルギー需要の伸びで液化天然ガス（ＬＮＧ）や石油化学の大規模プラントの相次ぐ建設計画。
- 造船の受注は引き続き高水準。
- 高い鋼材価格を受注に反映できるかが焦点。
- 本格回復は二〇〇七年度以降。

十、産業・工作機械……過去に引き続き快晴

- バブル期以来の活況が続く。
- 電機・精密機械向けが堅調。
- 国内では、自動車向けが一時的な調整局面。
- 幅広い業種で投資意欲あり。

● 輸出は、中国や北米向けが高水準。

十一、電子部品・半導体……過去と同じく薄日

● 半導体メモリーやプラズマパネルなど、一部製品に強い品薄感。
● 薄型テレビの需要増や携帯電話の地上デジタル放送開始の関係で、関連電子部品の受注増加。
● 液晶パネルは強い値下げ圧力。

十二、情報……過去と同じく曇り

● 富裕層向けサービス強化を狙う金融業界を中心に情報システムの需要好調。
● システムエンジニア（ＳＥ）は不足。
● システム受注は価格水準上昇。
● サーバーなど情報機器は量は拡大するが価格は下落。

十三、通信……過去と同じく薄日

●地上デジタル放送「ワンセグ」開始による携帯電話の買い替えの期待。
●ブロードバンド通信は光回線を中心に需要堅調。
●従来型音声通話の固定通信は需要低迷。

十四、家電……過去の薄日は現在快晴
●薄型テレビの販売が急拡大。
●白物家電はドラム式洗濯乾燥機が好調。

十五、自動車……過去と同じく薄日
●新車ラッシュ効果は市場を下支え。
●軽自動車はスズキやダイハツが新型車投入し好調持続
●トヨタ、ホンダは主力車種の全面改良で北米事業の収益を牽引。

十六、精密機械……過去と同じく快晴
●デジタルカメラは国内外で需要拡大。

●特に一眼レフ・デジタルカメラは一段と伸びそう。
●事務機はカラー複合機、カラープリンターが好調。
●消耗品の収益は堅調。

十七、食品・飲料……過去と同じく曇り
●「第三のビール」は好調だが、発泡酒は不振。
●コーヒーや加工食品では原材料コスト上昇の傾向。

十八、医薬……過去と同じく曇り
●二〇〇六年四月の薬価引き下げ、平均六・七%による影響。
●米国中心の海外展開が鍵。
●高齢化の進展に伴う糖尿病や高脂血症治療などの大型製品の伸長。

十九、貨物輸送……過去と同じく曇り
●国際貨物では海外での半導体、デジタル家電、自動車部品の販売好調により伸展。

● 国内貨物の需要は低調。
● トラック輸送では原油高が輸送コストに影響。
● 宅急便は通信販売の利用を取り組み堅調。

二十、リース……過去の曇りは現在薄日

● 電機、自動車など製造業の設備投資意欲に基づきリースは堅調。
● 産業機械、輸送機械用機器が好調。
● 事務用機器も好調。
● 日銀の量的緩和策の解除で長期金利と共に、リース料率も上昇傾向。

二十一、百貨店……過去の小雨は現在薄日

● 法人需要の回復には不安あり。
● 店頭ベースの売り上げは着実に進展。
● 来店客数も増加し、身の回り品も売り上げ増加。
● 食料品も回復。

● 富裕層の購買意欲は旺盛。

二十二、スーパー……過去の小雨は現在曇り

● 販売の低迷傾向が続く。

● 所得環境の改善に期待。

二十三、コンビニエンスストア……過去と同じく曇り

● 大手の積極出店拡大で全店ベースでは増収。

● 既存店不振は深刻。

● 弁当などの高品質路線は未知数。

● 高齢化により加盟店主の確保が困難。

二十四、ドラッグストア……過去と同じく薄日

● 大量出店続き、競争激化。

● 花粉症対策商品は不振。

●高価格サプリメント販売に期待。
●調剤コーナー併設店増加。

二十五、ネットサービス……過去と同じく快晴
●ネット広告、通販が好調。
●大手仮想商店街が成長。
●ブログの普及に注目。

二十六、外食……過去の小雨は現在曇り
●客数は増えたが、外食店同士の競合が激しい。
●コンビニエンスストアとの競合も激しい。
●回復に時間が必要。

二十七、旅行・ホテル……過去の曇りは現在薄日
●海外旅行は欧米など遠距離の需要が好調。

●国内旅行は北海道、沖縄が人気。
●高級ホテルの集客力に期待。
●企業業績回復による宴会需要も堅調。

二十八、アミューズメント……過去の薄日は現在快晴
●携帯型ゲーム機用ソフトが人気。
●次世代機は出遅れ。

二十九、広告……過去の曇りは現在薄日
●サッカー・ワールドカップ関連の各種広告・販促キャンペーンの期待。
●中期的には広告主企業の費用対効果への視線は厳しい。
●インターネット広告や各種販促キャンペーンが高成長。

三十、人材派遣……過去の曇りは現在快晴
●一般事務、営業・販売への派遣引き合い大。

- 大手企業における営業支援活動への派遣活用大。
- 「紹介予定派遣」の需要伸展。
- 登録者不足の状況あり。

これら三十業種が現在の日本国家を動かしている産業活動の総体となる。

このうち、現在景気が快晴で順調な業種は

鉄鋼・非鉄、プラント・造船、産業・工作機械、家電、精密機械、ネットサービス、アミューズメント、人材派遣の八業種。

現在景気が薄日でやや順調な業種は

マンション・住宅、繊維・アパレル、電子部品・半導体、通信、自動車、リース、百貨店、ドラッグストア、旅行・ホテル、広告の十業種。

現在景気が曇りであまり順調でない業種は

石油、電気、化学、建設・セメント、紙・パルプ、情報、食品・飲料、医薬、貨物輸送、スーパー、コンビニエンスストア、外食の十二業種。

鉄鋼・非鉄、プラント・造船等、基幹産業の一部は、やっと過去の薄日あるいは曇りを脱し、快晴になったものもあるが、石油、電気、化学、建設・セメント、紙・パルプ等の基幹産業の多くは相変わらず曇りの状態が続いている。

業種の景気がこの快晴あるいは薄日に転換した理由は中国の爆発的な需要増加、アジア市場の需要増加および、米国の景気動向等に基づくものとされる。

日経IDグラフ（日経産業天気インデックス）[2]は下図のとおりである。

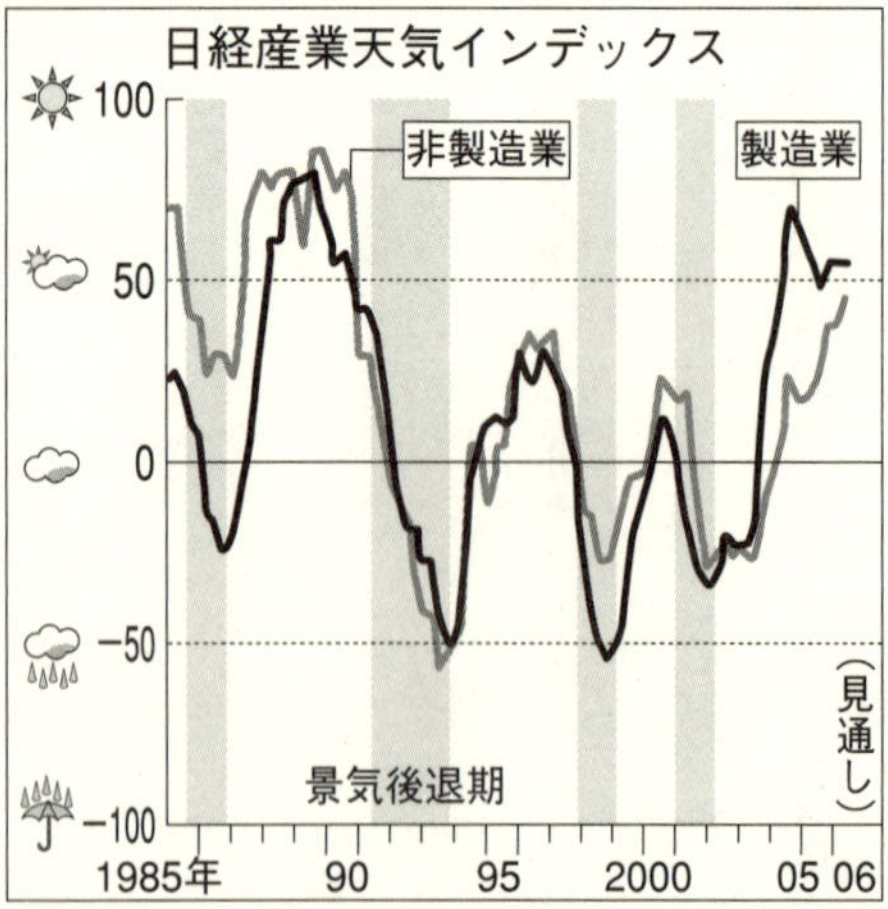

第二章　日本の経済および景気に関する基本的な考え方（その一）
―ケインズの立場から―

日本の経済および景気に関する基本的ないろいろな考え方があるが、ケインズの立場から、京都大学・佐伯啓思教授によって展開される、『幻影のグローバル資本主義（下）ケインズの予言』（ＰＨＰ新書）は極めて示唆に富んでいるので、ここに改めてとりあげ考察を加えたい。

京都大学・佐伯啓思教授によると、Ｊ・Ｍ・ケインズの経済学におけるメッセージには、二つの大きな提案が含まれていたとする。

その一つはすでに一般に広く理解されている、政府による財政投資と管理通貨制度による有効需要管理政策である。

もう二つ目が、グローバル資本主義が国内産業への生産的な投資を損なう場合の対応策である。(1)

もはや長期的な展望を持てない民間企業は、短期的利益を求めてグローバル金融市場で資金を運用するだけとなる。銀行も同様に、長期的な生産投資や新事業に貸し付けるのでなく、グローバル市場での資産運用に傾く。その結果、経済全体が「強大なカジノ」化の傾向を持つようになる。

こうして経済の安定性はもはや民間部門の手に委ねるわけにはいかなくなる。もはや「神の見えざる手」は作用しなくなり、神の手の代理人である民間企業がその役割を果たすことができない。こうした場合、公共部門に資本を誘導し、公共投資によって生産的な部門に資本をまわすべきであるということである。

そしてこの場合の公共投資としてケインズは次のような項目を挙げている。

一、産業のインフラストラクチャーの整備
二、住宅建設
三、住環境の整備

四、田園的生活の維持

すなわちケインズにとって、公共投資とは、基本的に、金融のグローバリズムから国内の経済を守るための方策であったのである。すなわち、ケインズにとって、この公共投資がグローバル経済という不安定の条件の中で、人々の生計の基礎をいかにして「確実なもの」とするかという関心のなかで出された回答であった。

ところで、『幻影のグローバル資本主義（下）ケインズの予言』によると、

「一九八九年から一九九〇年にかけて日本のバブルが頂点に達する頃になるとアメリカは『構造協議』の名のもとに、日本に経済構造の抜本的な改革を求めてくる。（中略）バブルの絶頂期には、日米経済は完全に逆転し、アメリカが日本に買収されるなどという危惧に満ちた冗談が語られたのであった。こうした中で、アメリカは貿易不均衡問題をきっかけに構造協議を突きつけてきたわけである。この構造協議は株式市場をはじめとして日本の経済構造そのものを問題とし、さらに内需拡大のために十年間で四〇〇兆円を超える公共投資を約束するものであった。そして、一九九〇年一月に東京の株式市場の暴落によりバブルは崩壊するのである」

ということである。[2]

ところが、ここで

「無視できないことは、この構造協議を受けた形で日米双方から『構造改革論』が唱えられるようになったということである。もともと日本貿易不均衡から出てきたはずの構造協議は、日本の経済機構の『抜本的改革』という議論にまでふくれあがった」

と付け加えている。

それは特に次のような項目についてである。

一、日本の高い価格水準（内外価格差）
二、閉鎖的なケイレツ
三、官僚の行政指導や規制
四、株の持ち合い
五、集団主義的な企業経営
六、流通の非効率性

しかしこれらの項目こそが、実は、金融のグローバリズムから日本国内の経済を守るための防波堤であったのである。

ところが、

「そこにはアメリカ政府の戦略的な意向が強く作用していたことは間違いなかろう。

しかしそれを『世論』にまで拡大する過程においては、アメリカのみならず日本のジャーナリスト、エコノミストの果たした役割は無視できない。つまりそれは日米の合作であったといってよかろう。アメリカのエコノミストやリビジョニストと呼ばれる日本研究者が、日本社会の後進性、特異性を唱え、日本のエコノミスト、ジャーナリストがそれに呼応するという構図である。

九〇年代の日本は、バブルの崩壊とそれに追い打ちをかけた『構造改革論』によって長期の経済低迷へと陥る」

この時点で、佐伯啓思教授が指摘する状況の推移に関する解析は、極めて興味深い。佐伯啓思教授が指摘するのは次の点である。

まず、「八〇年代からの日米の歩みを概観すれば、一種の潜在的な日米経済戦争だったと見えなくもなかろう。明らかにこの推移には、ただ合理的な原理的な経済原理という以上の政治力学が作用していた。あるいは、日米の一種の経済戦争を戦略的に位置づけたアメリカの政策実行能力と、ほとんどそれに適応するだけであった日本のそれとの相違であった[3]。

政策協調、

構造改革、

金融の自由化、

ドルのグローバルな循環構造、

こうした八〇年から九〇年にかけての一連の動きによって、日本はアメリカの覇権的構造の中に組み込まれていったかのように見える。さらにいえば、日本はそのつどの選択によって、むしろ積極的にこの構造の中に飛び込んでいったとさえいってもよいであろう」

と断言する。

そして、

「一、だがそのことをわれわれはどれほど意識していたのだろうか。
二、われわれが気楽にグローバリズムの時代と呼んでいる時代が、
①　新たな経済の現実を国益と国益の葛藤、
②　そして対立を含んだ調整、
こうした時代であることをわれわれは自覚していたであろうか」

と反省する。

そしてその原因として次のように指摘する。

「問題は政策のレベルでなく、認識のレベルにある。こぞってグローバリズムの適応こそが唯一の正しい選択であるかのような論調が支配し、他の可能性や、より戦略的な構想、それにグローバリズムの持っている本質的な問題にまでいたる認識はほとんどされなかった。一体ここにどういう事情がはたらいていたのだろうか。

そして、そこにこそアメリカの覇権を支えるイデオロギー的な力があり、イデオロギーとしての力こそが日本を巻き込んだのである。

このイデオロギーは、端的にいえば、個人の自由という観念である。アイザリア・バーリンの言葉でいえば『……からの自由』という観念である。もう少し述べておけば、平等な機会を

保障された競争によって個人の自由を実現するというものであり、そのためには原則として一切の制約は存在しないという信念である」[4]
そしてこのアメリカ的な意味での個人の自由の信念が、その本来の意味に近い形で最大限に発揮されるのが、財産の獲得を目指す経済競争の世界においてなのだとする。[5]
ここで、日本がこの「独特な」アメリカ的自由のイデオロギーを受け入れるようになったのにはいくつかの理由があるという。[6]

一、戦後占領政策に端を発する、一種の民主的思想教育。
二、物資と共に、自由主義や民主主義を配給したという事情。
三、経済中心のアメリカ的自由、物質的豊かさの次元で端的に表現されるアメリカ的自由が、戦後の貧しかった日本人、経済の成功によってしか立国の余地のなかった日本人の心に訴えたということ。
四、最大の理由として、「個人の自由」というキーワードの持っている抽象性、そして抽象性であるがゆえに垣間見せる一種のユートピアの幻影がある。

しかし、個人の自由という観念に基づく「この『独特な』アメリカ的自由のイデオロギー」は大きな副作用を伴っていたのである。

「一、『あらゆる制約からの自由』という観念は、実際には決して実現し得ない抽象的なユートピアである。（中略）もしも、本当に無条件・無制約の自由が与えられたとすれば——そんなことはありえないが——人はほとんどもはや自由を感じなくなるであろう。活動さえする意欲を失ってしまうであろう。むろん、自由とは制約があってはじめて意味を持ち、またその制約からの解放をユートピアとして描くところに意味がある。(7)

二、だが、『個人の自由』あるいは『……からの自由』という観念は、その自由の内容について特定しないがゆえに普遍的な力を持っている。この抽象性、普遍性にこうすることは近代人にとって容易なことではない。そして、一度その罠にはまると、人はたちどころに倫理や規律を見失っていく。(8)」まさにそうしたことが、今日のグローバル市場経済の世界で生じつつあるようにみえる。

三、まさに、この金融中心のグローバル化に対してケインズはすでに七十年前に警告を発し、それを批判していたのである。ケインズの批判は主として、グローバル資本主義が、国内産業への生産的な投資を損なう、という点にあった(9)。

四、グローバルな金融市場は、投機的な形での資本の運用を可能とし、それは多量の資本を引きつけるであろう。そうすると、本来は生産的投資にまわるはずの資本までもが、投機的な高い収益を求めて金融市場に流れ込む。

こうして、金融的な指標から見れば、経済は、一見したところ良好にみえるが、実際には、企業の期待収益はますます低下して、企業は新機軸などの新投資をする気力(アニマル・スピリット)を失ってしまう。ここにグローバル資本主義の不安定性があるとケインズは考える(10)」

筆者は、アメリカがこのように、日本国家に、構造協議を持ち出し、一種の経済戦争を仕掛け、日本国家に、バブルの崩壊とそれに追い打ちをかけた「構造改革論」によって長期の経済低迷へと陥らしめた背景には、日本国家と米国の間に聖書の「神」を持っているか、持っていないかの差に基づいているように思えてくる。

ご承知のように現在の米国の基幹を形成しているのは、一六二〇年、コッド岬に上陸したメイフラワー号の清教徒ピルグリム・ファーザーズに代表される、アメリカの良き一般大衆である。彼らは各家庭に、少なくとも一冊は聖書を所有しており、毎日、聖書を読み、週に一回はそれぞれの教会に赴き、聖書に基づく礼拝を行い、牧師による聖書に基づく説教を聞いて帰っていく。拙著『日本人は神を発見できるか』で説明したように、彼らのキリスト教にはいろいろの問題が伏在しているものの、ただ聖書の神にふれるチャンスは、現在の日本民族より、ダントツに高いと考えなければならない。

実は、彼らのキリスト教はともかく、この聖書が「決め手」であって、この聖書の中から今も、神は人類に対して、そのメッセージを語り続けておられるわけである。そしてこのメッセージにより語りかけられた確信は生半可なものでない。

有名なイスラエルの哲学者マルティン・ブーバー（一八七八年～一九六五年）の著に『我と汝・対話（ICH UND DU・ZWIESPRACHE）』（田口義弘訳、みすず書房）というのがある。

彼によると、人間と神の間に二つの根源的関係があるという。その一つが、「我と汝（ICH　UND　DU）」の関係であり、その二つが、「我とそれ（ICH　UND　ES）」の関係である。

人間がこの「我と汝（ICH　UND　DU）」の関係に入ると、人間は人間の底部から響いてくる神の声を聞くことができるようになり、人間の社会に独創的な確信に満ちた行動を引き起こすことができるようになる。しかし、人間が神に対して、「我とそれ（ICH　UND　ES）」の関係にある場合には、独創的な確信に満ちた行動にいたる力はわいてこない。必然的に、他の模倣、あるいは追従的な関係に陥っていく。

これが個人的な関係である場合はまだしも、国民総体の動きとなると、そこに大きな差が出てくる。もちろんアメリカ人全体が、「我と汝（ICH　UND　DU）」の関係のなかに入っているとは思われないが、なかには、少数ながら特に戦略家の中にかかる人物がいて総体として他国民を動かし、世界を動かしうるのである。

グローバルな金融市場が、投機的な形での資本の運用を可能とし、それにより多量の資本を引きつけ、その結果、本来は生産的投資にまわるはずの資本までもが、投機的な高い収益を求めて金融市場に流れ込むようになる。

こうして、金融的な指標から見れば、経済は一見したところ良好にみえるが、実際には企業の期待収益はますます低下して、企業は新機軸などの新投資をする気力（アニマル・スピリット）を失ってしまう。ここにグローバル資本主義の不安定性が発生する。

このような事態に至った際に、ケインズが提案した対策は、すでに説明したように、国家が公共部門に資本を誘導し、公共投資によって生産的な部門に資本をまわすべきだ、という政策であった。

このケインズの発想は、グローバル経済の不安定性から出発しているのであり、失業対策としてのマクロ政策よりも、グローバル資本主義の不安定性から、国内の産業と生活の基盤を確保するためにこそ公共政策が必要だというものであり[11]、その中で、いかにして、表層を流れていく過剰なモノや情報や金銭や言説に押し流されてしまわない生の確かな根拠を確保できるかにある[12]。

第三章　日本の経済および景気に関する基本的な考え方（その二）
——需要に対する考え方——

通常、「失われた十年」というので、「何を失ったのですか？」と聞いてみると、意外と返事に窮する人が多いということである。[1]

一九五六年以降、毎年平均一〇％のGNP成長率を達成し、一九九二年九月、ついにバブルを体験するまで、日経株価指数として、日経平均三万八千九百十五円を体験した後では、「失われた」という喪失感が経済界を覆っているのは、いつわらざる印象であろう。[2]

この「失われた十年」に関する説明については、すでに数多くの論文や書籍が出版されており、筆者の到底及ぶところではない。が、その主な根拠を要約すると次のようになる。

説明一、日本経済の「潜在成長率」つまり「潜在的な能力」が低下したのである。

原因としては、

1、高齢化の進展

2、労働力人口の減少

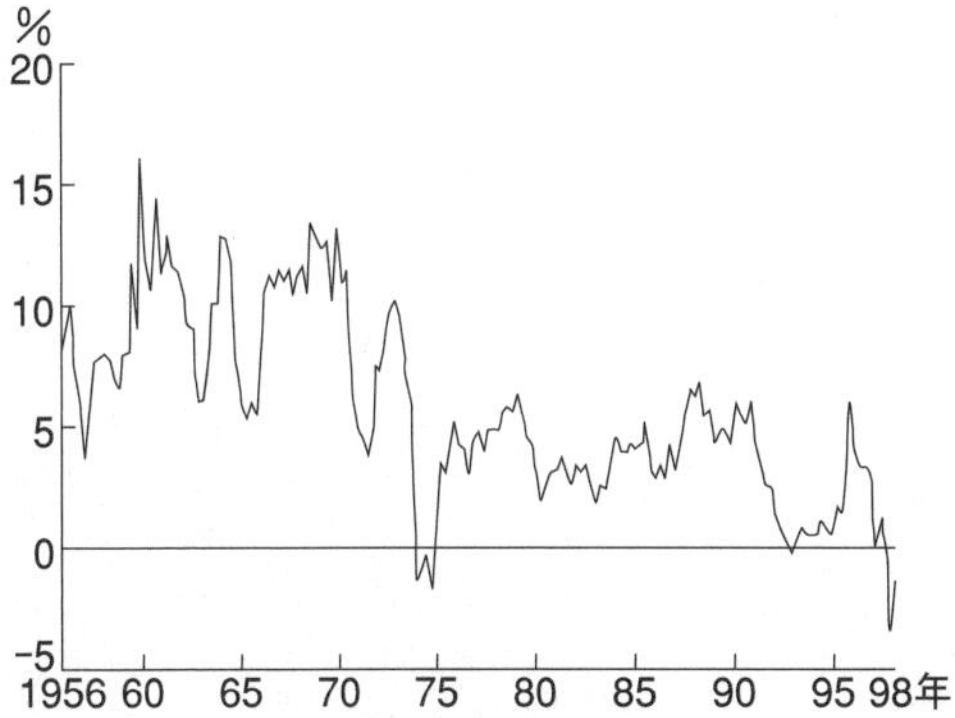

実質GDPの成長率

説明二、供給側（サプライ・サイド）の問題こそ不況の原因である。

論拠としては、

「もし需要不足が原因ならば、財政支出で不況は克服できるはずではないか。しかし財政支出は期待されるような効果を生まなかった。これはこの不況が需要不足によって生じているのではない、ということの何よりの証拠ではないのか」

説明三、一九八〇年代後半の「バブル」の崩壊、不良債権など金融面でのトラブルが問題の核心である（エコノミストには多い[3]）。

説明四、「不良債権」「貸し渋り」など金融の抱える問題である。

自由化が急激に進むなかで、日本の金融システムは新しい制度的枠組みを作ることに失敗し、金融機関のモラル・ハザードも加わり、放漫な不動産投資が大量の不良資産を生み出した。そして問題処理を先延ばしする中で、本格的なクレジット・クランチが、マイナス成長を生み出した。一九九七年からのマイナス成長のかなりの部分は、クレジット・クランチによるものである[4]。

説明五、一九九〇年代の日本経済の低迷は長期的な「需要不足」によって生じたものである[5]。

この説明五項は、経済財政諮問会議議員でもある吉川洋東大教授がその著『転換期の日本経済』（岩波書店）で述べられている考え方であるが、筆者の考え方とまったく一致し、この線に沿って筆者の考えを展開してみたい。

吉川洋教授によると一九五〇年代以降、現在に至るまでの日本経済は次の三段階を通してその経済成長が展開されたという[6]。これは前頁の図からも明らかである。

第一段階……一九五六年から一九七〇年代初頭まで：高度成長時代

一、平均経済成長率（実質ＧＤＰ）……一〇％

二、目標：欧米特に米国へのキャッチ・アップを目指した高度成長。

三、高度成長の要因

ａ、新しい技術の導入

ｂ、それを実現した旺盛な設備投資

ｃ、農村から都市近郊工業部門への人口移動

ｄ、それに伴う世帯数の増加

ｅ、「三種の神器」と呼ばれた耐久消費財の普及

四、この高度成長時代は一九七〇年代初頭に終わるべく終了した。

一九七〇年代初頭におけるこの高度成長の終焉こそが、最大の転機ということができる。吉川洋教授によると、これはわれわれが記憶すべき重要なポイントであるという。

第二段階……一九七〇年中葉から一九九〇年頃まで：安定成長時代

一、平均経済成長率（実質ＧＤＰ）……四％

第三段階……一九九〇年代から現在まで：平成不況時代

一、平均経済成長率（実質ＧＤＰ）……一％、

二、この間のアメリカの平均経済成長率は三％であった。

三、この数字は、一〇％を超える失業に悩まされているドイツ、フランスに比べても、平均経済成長率一％というのは低い。

四、一九九〇年代のこの日本経済の低迷は、歴史的に見ても国際的に見ても異常といわなければならない。

五、一九九〇年代に入って、日本経済の平均経済成長率はなぜ一％まで低下したのだろうか。

六、これに対する回答は、前述した通り、種々ある。

回答一、日本経済の「潜在成長率」すなわち「潜在的な能力」が低下したのである。

原因としては、

イ、高齢化の進展

ロ、労働力人口の減少

回答二、供給側（サプライ・サイド）の問題こそ不況の原因である。

論拠としては、

「もし需要不足が原因ならば、財政支出で不況は克服できるはずではないか。しかし財政支出は期待されるような効果を生まなかった。これは、この不況が需要不足によって生じているのではない、ということの何よりの証拠ではないのか。[7]」

回答三、一九八〇年代後半の「バブル」の崩壊、不良債権など金融面でのトラブルが問題の核心である（エコノミストには多い[8]）。

回答四、「不良債権」「貸し渋り」など金融の抱える問題である。

自由化が急激に進むなかで、日本の金融システムは新しい制度的枠組みを作ることに失敗し、金融機関のモラル・ハザードも加わり、放漫な不動産投資が大量の不良資産を生み出した。そして問題処理を先延ばしするなかで、本格的なクレジット・クランチが、マイナス成長を生み出した。一九九七年からのマイナス成長のかなりの部分は、クレジット・クランチによるものである。[9]

回答五、「一九九〇年代の日本経済の低迷は長期的な「需要不足」によって生じたものである」[10]というのが、実は吉川洋教授の見解であり、筆者も同一の見解にある。

吉川洋教授は、不況が深刻化する、一九九二年から一九九八年までの七年間の、日本経済の動きをさらに次の三つに分けて考察する。[11]

一、一九九二年から一九九四年にかけての不況期（平均成長率は〇・六％）

二、一九九五年から一九九六年にかけての「回復」期（一九九六年の平均成長率は五・一％）

三、一九九七年第2四半期から一九九九年にかけてのマイナス成長期

また、吉川洋教授によると、この三つの時期には、共通の要因と、この三つの時期それぞれに固有の要因の両方があるという。[12]

例えば、吉川洋教授は右の一項の「一九九二年から一九九四年にかけての不況期（平均成長率は〇・六％）」の原因を、バブル崩壊直後特有と思われる、銀行の「貸し渋り」に基づく原因によるものか、あるいは「需要の減退」の原因によるものかを解析している。[13]

この解析は銀行の貸し出し市場の需要・供給曲線によって求められる。

このときの日本経済動向を判定するインデックスは、利子率の動きとなる。「貸し渋り」が原因であれば、貸し出し量の減少と共に金利は上昇する。しかし逆に資金借り入れ需要が減退したときには、貸し出し量の減少と共に金利は低下する。

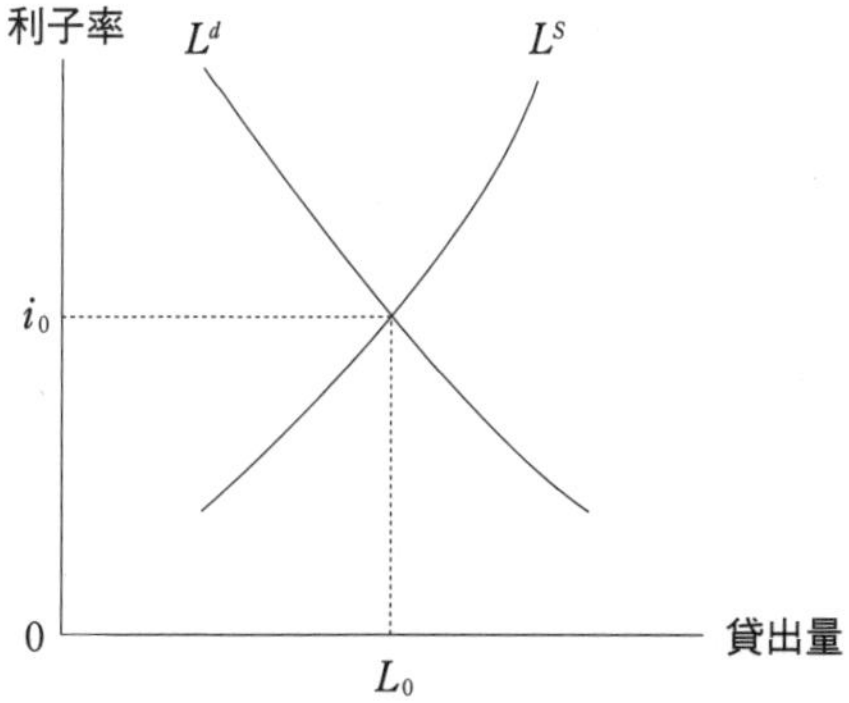

貸し出し市場の需要・供給曲線

そこで両者の関係を一九九一年一月から一九九三年十一月まで月別に見ると次頁の図が得られる。

これによると、「平成不況」の始まった一九九一年二月から貸し出しの伸び率と利子率は、並行して低下している。このことは、貸し出しの低迷——したがってマネー・サプライの低迷——を引き起こした主因が、借り入れ需要の落ち込み（需要曲線の下方シフト）であったことを示している。以上の議論では「名目金利」の動きで論じられているが、これで差し支えないということである。

「学」とは将にこのように、表層面では判定しがたい内

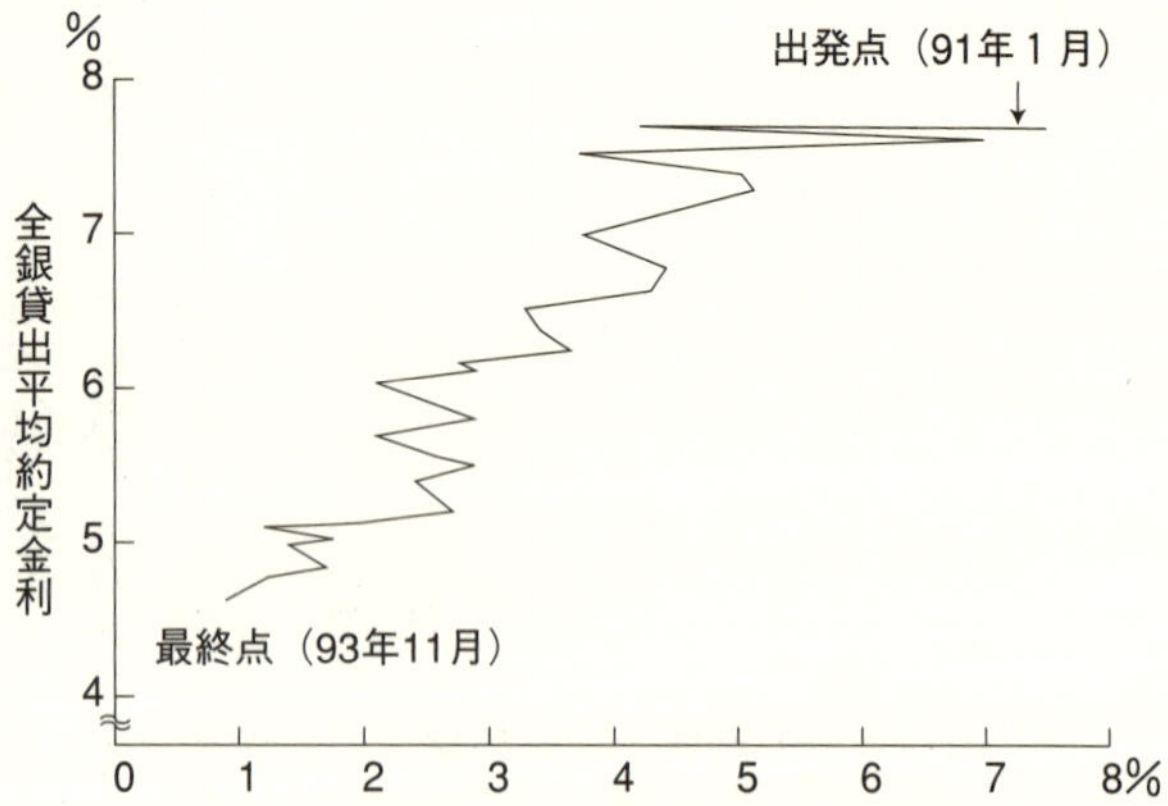

出所　経済統計月報（日本銀行調査統計局）から作成

貸出し伸び率と約定金利の動き

面構造を明らかにするものでなくてはならない。

現在のわれわれは、疑いもなく、「平成不況」の中にあるが、この状況を解釈する上で大きくいって、二つの考え方がある。その一つは、スタンダードな経済学、すなわち新古典派理論によるもので、この理論によれば、経済成長は、専ら「サプライ・サイド」によって決まるという考え方である[14]。サプライ・サイドの経済学が「サプライ・サイド」と呼ばれているゆえんは、資本、労働、ＴＦＰ（Total Factor Productivity、全要素生産性の意味）需要の伸びとは独立に決まると考えるところにある。しかし、このサプライ・サイドの経済学はロジスティック成長（logistic growth）モデルを棄捨しているところに問題があるといわれる[15]。筆者もこれに同感である。

もう一つは「需要」に力点を置くアプローチである[16]。このアプローチは、資本や労働投入量さらにＴＦＰが総需要の動きによって決定的に左右されると考える。

平成十年度の「経済白書」の議論や[17]、一九九九年一月に発表された日本経済研究センターの「長期経済予測」[18]では、前者のサプライ・サイドの経済学が適用されている。

ところで、経済現象を需要によって解明する場合、どのような需要の落ち込み、あるいは成長がどれだけＧＤＰに寄与したのかということを検討する必要がある。これは、ＧＤＰ成長の「寄与度分解」と呼ばれる。ＧＤＰは定義にとって次の項目に分解される[19]。

ＧＤＰ＝消費＋投資＋政府支出＋輸出－輸入

この中で、投資というのは民間の投資で次の三種に分類されうる。

一、企業の設備投資（工場、機械など）
二、在庫投資（売れるのを待つ製品、仕掛品、原材料など）
三、家計の住宅投資

吉川洋教授は、この各需要項目のGDP成長率への寄与度を過去二〇年間の成長率を詳細に検討した結果、設備投資の寄与度が最も大きいことを指摘しておられる。例えば、一九九三年から一九九六年までの〇・三％から五・一％へのGDP成長率への設備投資の寄与度は約八割近くにもなっている[20]。

戦後の日本の景気循環を説明する上で、実際に最も重要な変数は設備投資である。どこの国でも設備投資の変動は大きいが、米国経済に比べても日本では特にそうした傾向が著しい。

ではこのように、「需要」に力点を置くアプローチによって、日本経済を回復させるにはどうすればよいかということであるが、それは一言でいえば、「需要の創出と成長」ということである。この具体的内容は次頁の図によって詳しく述べられる。

ここで少々長くなるが、吉川洋教授の説明を引用させていただくと次のようになる[21]。

吉川洋教授によると、一九九〇年代の日本の経済は、（a）の「袋小路」的状態に陥っているという訳である。これがすなわち、日本経済の長期低成長の本質である[22]。

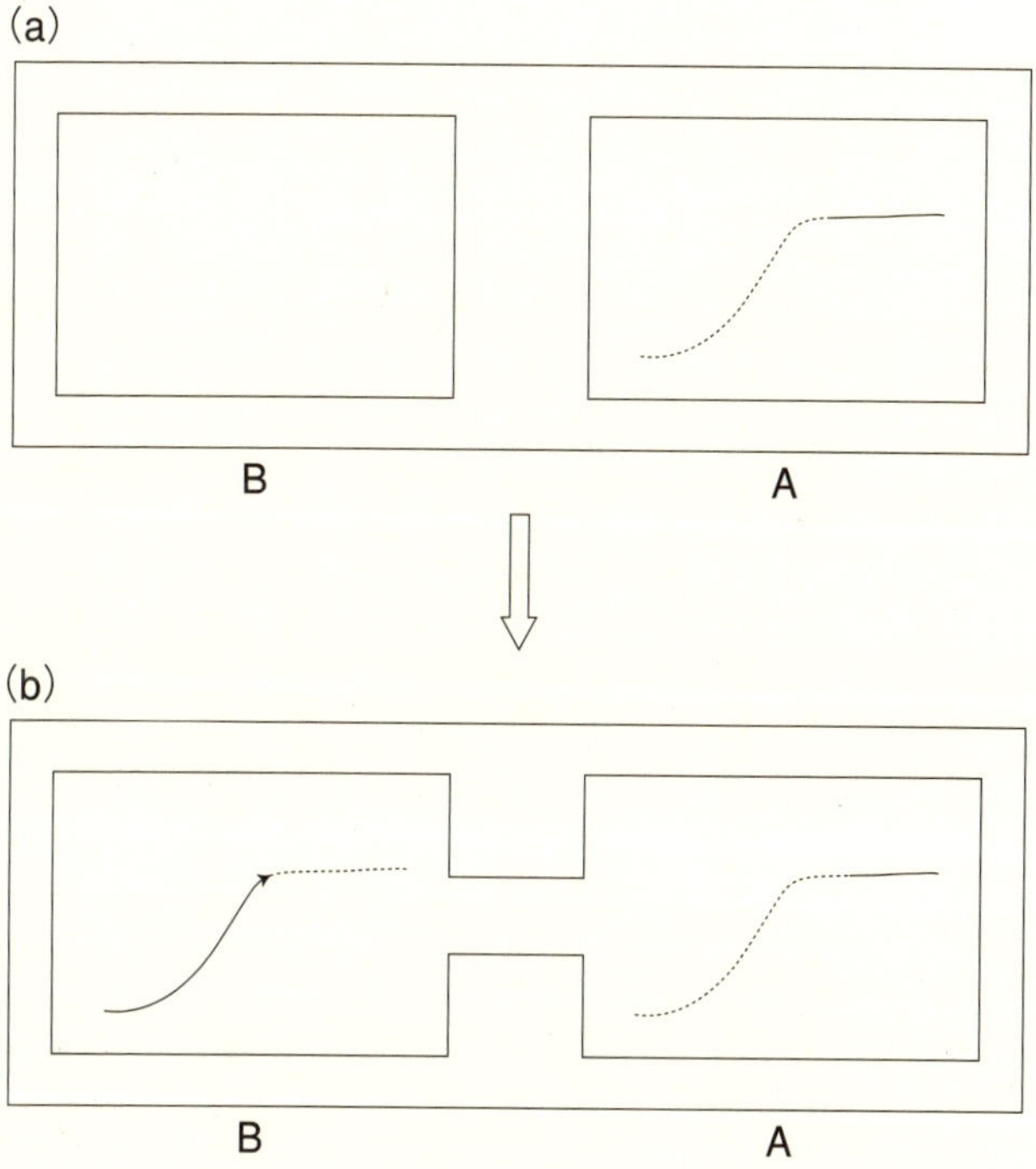

需要の創出と成長

実は、戦後の日本経済の最大の転機は、高度成長が終焉した一九七〇年初頭に訪れていたのである。その時点で、われわれは次にどのようなことがなされるべきなのか、もっと真剣に考えるべきであった。

しかし、不幸なことに、一九七〇年代に日本経済が「橋」をかけて発見した「島」は「輸出」であった。一九七〇年代までに至る、GDP成長率一〇%の高度成長期には、「純輸出」のGDP成長への寄与度は平均すればほぼゼロであった。それが、オイル・ショック後の一九七五年から一九八五年にかけて、GDP四%成長のうち、一%は純輸出により生み出されたものである。この事実が、「安定成長期」の十年間、「需要不足」の問題を先送りすると共に、ついにバブルを発生、バブルの爆発と共に、一九九〇年代の「平成不況」の時代に、「需要不足」の問題を先送りしたまま突入することになる。

次の章で、元大阪学院大学・丹羽春喜教授の著書を通じて、このような「需要不足」の問題を先送りの状態が、現実の経済界でどのような形で定着し、定常化しているかについて、解析・考察してみたい。

第四章　需要に関する解析

元大阪学院大学・丹羽春喜教授によると、現在の日本経済の状況は激しいデフレ状況にあるという。このデフレ状況は、通常、報道されているデフレといわれているような状態でなくて、極めて激しい。人体でいえば極度の脱水状態のような状況を指している。

丹羽春喜氏は、ケインズ経済学に立脚する経済学上の計量モデルを用いて、鋭い経済現象の解析と状況判断をなすエコノミストであり経済学博士であるが、現在の日本の経済状況、景気および政府の経済政策に関して極めて深刻な警世を、その著『日本経済再興の経済学　新正統派ケインズ主義宣言』（原書房）そして『日本経済　繁栄の法則』（春秋社）、『謀略の思想　「反ケインズ」主義」（展転社）において行っている。

特に、『日本経済再興の経済学――新正統派ケインズ主義宣言』（原書房）の表紙カバーの帯文で、経済評論の大家《たいか》である竹村健一氏によって「大胆な構想と緻密な計算・経済を動かす力学を解明」と講評され、前政府税制調査会会長であり千葉商科大学学長の加藤寛教授からも「〝目からうろこが落ちる〟とは、まさにこのことではなかろうか」と激賞されている。

丹羽春喜教授の論旨は極めて明快であり、永らくの計量経済学モデルを展開してこられた、奥深い日本経済のデータの読み込みに力強く立脚している。丹羽春喜教授によると、現在の日本経済は、次頁に掲げる図のように極めて深刻なデフレ状況にあるという。[1] この図[2]は、ほぼ「完全雇用」の状態にあったとみなしうる一九七〇年を初年として、一九九三年まで、わが国の実質GNP水準の動きと、資本設備の面から見た「生産キャパシティー」を意味する「企業資本設備」（Ka）の推移を、一九七〇年＝一〇〇の指数の形で示したものである

すなわち、企業資本設備の実質額で示される生産キャパシティーが、一九七〇年から九三年までに六倍強に増えたのに対して、生産（実質GNP）は、同期間に、わずかに二倍半の伸びでしかなかったのである。

日本経済における生産資本設備キャパシティーと実質GNPの乖離

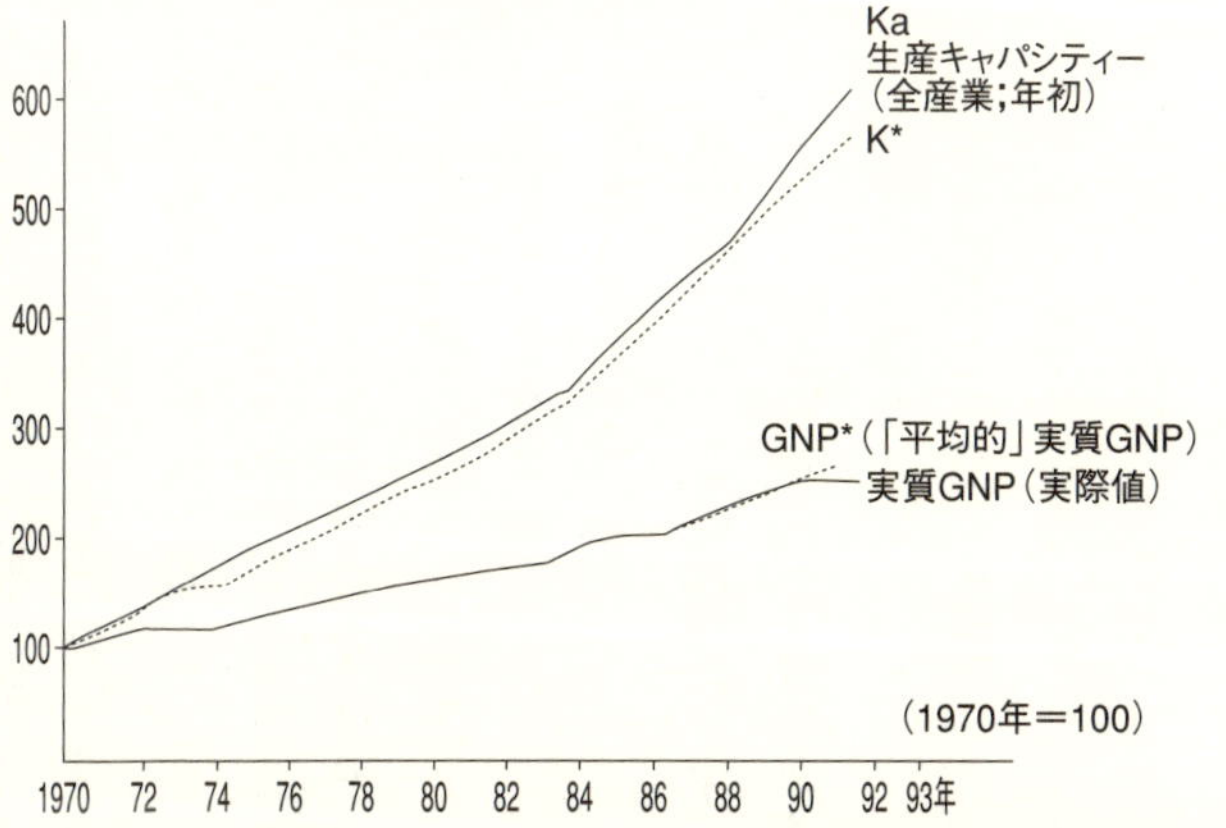

（注）　本図の作図のために用いたデータは、丹羽春喜著『日本経済再興の経済学——新正統派ケインズ主義宣言』（原書房）、付録表1に示されている。

すなわち、「デフレ・ギャップ」（あるいは「需要ギャップ」）がきわめて大規模に発生しているはずだということになるわけである。

この意味することは極めて重要で、結論的に言って、一九九〇年代後半（一九九六年）におけるわが国の実質GNP水準は本来、現状よりも、少なくとも四〜五割は上回っていたはずだということである。すなわち、最近のわが国の総生産の水準は、完全雇用・完全操業状態の下で達成可能なはずのレベルから三〜四割も下回っているということを意味している。

そして政府のマクロ経済政策面での無為・無策は許されないことを、丹羽春喜教授は特に強調する。

ところで、丹羽春喜教授は、わが国の実質G

NP水準の動きと、資本設備の面から見た「生産キャパシティー」を意味する「企業資本設備」（Ka）の推移を表す図の作成にあたって平成四年版以降の「経済白書」において、日本国民を惑わすために恐るべき捏造を行っていることを発見され、指摘している。それは国民の目から膨大な、デフレ・ギャップが存在することをそらすことをもくろむ、経済企画庁調査局官僚の謀略ともいえるものであり[3]、それは以下のような内容である。

指摘一、「生産関数」を用いて算定されたとされているところの「平均的」GNPと実際のGNPとの乖離を「デフレ・ギャップ」すなわち、「需給ギャップ」と定義しなおしているということである。

指摘二、具体的には、この記述は、平成六年版の「経済白書」第一章、十一節、および、付注一―一六ならびに、平成十年版の同白書第二章、二節および付注二―一―一に記述されている。

さらに、これらの「経済白書」では、用語も、「デフレ・ギャップ」あるいは、「需給ギャップ」でなく、「GNPギャップ」と改称している。

指摘三、丹羽春喜教授によると、このような経済白書流の「需給ギャップ」の把握の意味するところは、この図において、「生産キャパシティー」と「実質GNP」の大幅な乖離という形で、まざまざと物語られている、現在のわが国における本来の経済学的意味での深刻、膨大な「デフレ・ギャップ」問題から、われわれ国民を故意に目をそらさせているものであって、経済分析として、断じて是認できるものではないということである。

またこのこと自体が、不況対策の面における、政府の無為・無策をもたらすことにもなりかねないし、また、それを弁護するための小道具として曲解・悪用されがちであって、極めて大きなミス・リーディングということである。(4)

指摘四、事実、「経済白書」の方式で算定された「稼動資本ストック」のデータ系列を用いて計測すると、「技術進歩率」が、平均年率でわずかに〇・二二〜〇・一八%という、ゼロに近い極端に小さな値として算定されざるをえなくなる。この一九七〇年〜一九九三年という期間は、日本経済が、ハイテク産業の確立という点で顕著な成果を上げた時期でもあるのだから、これほどにも極端に低い「技術進歩率」の値はとうてい信頼することができない。(5)

指摘五、このようなゼロに近い「技術進歩率」の値のために、「実質GNP一単位あたりの実質稼動資本設備額」すなわち「必要資本係数値」が、この期間中、実に二・三倍という極めて大幅な上昇となって算定されている。(6)

指摘六、このような非常に大幅な「必要資本係数値」の上昇率や、ゼロに近いような極めて低い「技術進歩率」の値が算定されるといった非現実性は、「経済白書」で用いられている「実質稼動資本ストック額」の指標系列の中に、需要不足による「非稼動部分」ないし「遊休部分」が相当大きい割合で、割りこまされている証拠であり、しかも、かかる「非稼動・遊休」資本ストック部分の割合が、かなり増大趨勢を持ってきたということである。(7)

このような具体的な日本経済に関するデータの解析に基づき、丹羽春喜教授は大胆に、最近のわが国の総生産の水準は、完全雇用・完全操業状態の下で達成可能なはずのレベルから三〜四割も下回っており、これを金額で表現すると、年間二〇〇〜三〇〇兆円もの潜在実質GNP(ないし実質GNP)が、実現されずに空しく失われてしまっていると宣言する。(8)

そして、このようなデフレ・ギャップの傾向が発生し始めた一九七〇年代半ばから二〇〇〇年までを累計すると、なんと四〇〇〇兆円もの潜在GNPが、空しく失われてしまったことになるとのことである。(9)

四千兆円といえば、今回の平成バブルの崩壊で喪失したといわれるおおよそ二千兆円の二倍に相当する、まばゆいばかりの資産である。

もしこれが活性化されてわれわれ国民のものになっていたならば、われわれの生活はどれほど豊かになっていたであろう。

第一、不良債権などとおこらなかったであろうし、国民年金の財源で、これほど口角泡を飛ばすほど議論することもなかったであろうし、第三セクターの各種リゾート・プロジェクトも豊かに完成し、海外から多くの観光客を誘致していたかもしれない。

実際、丹羽春喜教授は声を大にしてこの事実を各種の言論誌に発表しておられるが、(10)多くの抵抗勢力に遭遇しておられる。その最大の抵抗勢力が、ケインズ主義をもって立たれる氏の経済政策の提唱に異を唱える反ケインズ主義の経済学者、経済評論家、エコノミスト、経済政策立案者の一群である。

彼ら、反ケインズ主義者の一群に対して丹羽春喜教授はその憂国の情から、その著、『日本経済再興の経済学　新正統派ケインズ主義宣言』（原書房）および『日本経済　繁栄の法則』（春秋社）、『謀略の思想　「反ケインズ」主義』（展転社）において、次のようなタイトルで痛烈な批判を行っている。

批判一、反ケインズ主義の惨害恐るべし。（『日本経済再興の経済学』第一章　）
批判二、「反ケインズ的」評論家の無知蒙昧。（『日本経済再興の経済学』第一三章4）
批判三、不条理きわまる「反ケインズ主義」の理論的トリック。（『日本経済再興の経済学』第一三章5）
批判四、反ケインズ主義「洗脳謀略」恐るべし。（『日本経済再興の経済学』第一四章3）
批判五、「反ケインズ主義」の誤謬（『日本経済　繁栄の法則』第三章）

この「反ケインズ主義」というものは、ベトナム戦争で挫折した一九七〇年代半ばの米国において、その経済再建に苦悩する米国の経済学思想界から全世界に発信された経済理論で、[11]「マネタリズム」の頭領であるフリードマン（M.Friedman）や、これが内包している論理を経済理論的にいっそうラジカルに徹底させ、「合理的期待形成論学派」を形成したルーカス（R.E.Lucas）やサージェント（T.J.Sargent）などによって、全世界の経済界に「反ケインズ主義」のパラダイムとして支配的に広く流布されるようになったものである。[12]

一名、米国「新古典派」とも言われる。

しかし、もともと第二次大戦後の西側「自由世界」諸国においては、ケインズ主義的パラダイムに基づく「総需要管理政策」の体系がおおむね定着し、それによって、少なくとも一九七〇年代の前半までは、戦前の一九三〇年代に生じたような「世界大不況」発生の危険性は、有効に防止されてきたのである。[13]

丹羽春喜教授によると、ルーカス（R.E.Lucas）やサージェント（T.J.Sargent）に代表される「反ケインズ主義」派の、ケインズ主義に基づく「総需要管理政策」に対して、それを「効果なし」と決め付ける主張には、「需要サイド」からの議論と、「供給サイド」からの議論の二つのパターンがあるという(14)。

パターン一・一、「反ケインズ主義」派の「需要サイド」から主張（その一）

まず「需要サイド」からの議論から始めると次のような内容になる。

現在のわが国の経済では「乗数効果」がはたらかなくなってしまっているから、ケインズ的政策の効果がなくなっているのだという主張である。

これに対する丹羽春喜教授の反論(15)

反論一、まったく間違っている。

反論二、現在わが国の経済社会では、一億二千万人の人が年間五百兆ものGNPを生産しつつ生活している。まさにこのことこそが、現在のわが国の経済において、「乗数効果」が依然として健在であるということの、疑う余地のない証明である。これは、「自主的（オートノマス）な有効需要支出」二百兆円強から生まれたのであるから、ケインズ常数は二・四〜二・五である。

反論三、わが国の経済においては、GNP総額に占める民間最終消費支出の割合はほぼ一定であるから、フリードマンの「恒常所得仮説」は成立しない。

パターン一・二、「反ケインズ主義」派の「需要サイド」からの主張（その二）

第二の「需要サイド」からの議論で、ケインズ的な積極的財政政策で総需要の拡大を計る場合、「クラウディング・アウト現象」が発生し、利子率の高騰とそれによる民間投資支出の減退という副作用を生じ、結果として常数効果のはたらきは微弱にとどまる。(16)

これに対する丹羽春喜教授の反論(17)

そのような「クラウディング・アウト現象」が発現は、政府の「通貨発行」や中央銀行の「買いオペレーション」といった政策手段によって、民間資金市場への資金補給を十分な規模で行えば極めて容易に、しかも、極めて確実に、それを防止できる。

パターン二、「反ケインズ主義」派の「供給サイド」からの主張

「ケインズ的政策無効論」

これに対する丹羽春喜教授の反論(18)

反論一、「反ケインズ主義」派である米国「新古典派」の「ケインズ的政策無効論」は、「供給曲線」の「右方シフト」が、すなわち、生産関数の「右方シフト」が起こりえないものと暗黙のうちに仮定した「理論的トリック」に基づいて立論されている。

反論二、この仮定を成立させるためには、たとえ景気変動の諸局面の推移があっても、その間、企業セクターの資本設備の「稼働率」は変化せずに一定に保たれると仮定するにいたっている。

反論三、現実にはこのようなことはありえない。不況期に有効需要の不足で遊休していた生産設備が、需要の回復に伴って稼動し始めたような場合——したがって稼動率が上昇し始めた場合——には生産性が極めて大幅に向上するという現象が、ほとんど例外なしに見られる。これは、生産関数（短期生産関数）のいわゆる「右方シフト」、「供給曲線」の「右方シフト」の効果にほかならない。

反論四、ケインズ的政策とは、基本的には、市場経済体制におけるそのような力強い生産関数のシフト、供給曲線のシフトに信頼を置いている政策体系なのである。

この見解は第二章でも述べた吉川洋東大教授の見解にも一致する。吉川洋東大教授によると、スタンダードな経済学、すなわち新古典派理論に基づくサプライ・サイドの経済学はロジスティック成長（logistic growth）モデルを棄捨しているところに問題があるといわれる。

反論五、「物価についてのフィリップス曲線」の勾配は、多くの場合「右下がり」にならないで、むしろフラットか、あるいは、若干、「右上がり」さえなる。この事実に関しては、平成七年度の日本学術会議の「グローバリゼーションと社会構造の変化特別委員会」の調査作業に協力して行われた、日本経済についての計量経済学的モデルによるシミュレーション分析では、やや「右上がり」の勾配を持った「物価についてのフィリップス曲線」が実証的に計測された。

（松阪大学の勝木太一教授担当）

事実、著名な評論家の一人、小室直樹氏もその著「日本人のための経済原論」（東洋経済新報社）の中で、ルーカス（R.E.Lucas）やサージェント（T.J.Sargent）などによる「合理的期待形成論学派」と米国「新古典派」に基づく「反ケインズ主義」のパラダイムに次のようにコメントしておられる[19]。

コメント一、合理的期待説などの反ケインズ主義に内在する理論的欠陥が少しずつ表面化した。

コメント二、数学で名にし負うルーカス理論にも数学的誤りが発見された。

コメント三、反ケインズ経済学は、現実を説明するのにも不十分であることが知られてきた。

コメント四、マネタリストの説が正しいかどうかを示すいわゆる「マネタリスト実験」の結果はノーと出た。

さらに深めて、丹羽春喜教授はこの「反ケインズ主義」派の、ケインズ主義に基づく「総需要管理政策」に対して、「効果なし」と決め付ける主張の背景には、もっと深められた社会的謀略が潜められているという。それは戦前の「ゾルゲ謀略団」の首魁、尾崎秀実《ほつみ》をまさに思わしめるものがあるという。[20]

その内容は次のようなものである。[21]

推定一、いやしくもエコノミストであれば誰でもがよく知り抜いているはずの基本原理について、ひたすらに無責任きわまる「知識のないふり」を決めこんでいる。

推定二、そのような不条理の帰結は、政策の果てしない混迷である。

推定三、近い将来におけるわが国の経済社会の決定的な衰亡と、国家財政の絶望的な破綻である。

推定四、わが国民の悲惨な困窮化という悲劇的な事態を必ずや迎える。

事実、過去において、丹羽春喜教授は、一九七〇年後半から八〇年代後半において、米国のCIAの推計・分析報告の詳細な解析により、米国のCIAのなかに、尾崎秀実《ほつみ》のごとき、有能な「ソ連の手先」である謀略家が潜んでいるのをえぐり出している。かかる工作は、高度の専門家であってこそ考え出すことができる、極めてテクニカルで、綿密に工夫の凝らされた方法論的な「知的トリック」であるという内容である。

結論的に、丹羽春喜教授は、このような日本経済社会における社会的謀略に対して、痛憤と深憂にたえないという。

ここで思い出すのは、第二部で詳述するのであるが、現在全世界にその強い影響を与えつつある「闇の権力構造」の存在である。

明治天皇のお孫様でもあられる中丸薫先生によると闇の権力構造というのは次の組織により構成されている。(22)

一、国際金融財閥、国際銀行家のマネーパワーによって形成された国連・多国籍企業・各国の

中央銀行・軍産複合体
二、ヨーロッパの王家や欧米の白人大富豪家系が形成するビルダーバーグ・グループ
三、外交問題評議会（ＣＦＲ）
四、日米欧三極委員会（ＴＣ）

中丸薫先生は、この方面では国際金融財閥の一群の活動に関して、最も先鋭的な情報的追求と提供を行いつつ、その持つ国際的危機に警鐘を鳴らしつつけておられ、「太陽の会」を組織し世界的な平和運動を展開されておられる、著名な国際政治評論家であられる。

中丸薫先生によると、日本の官僚の中にはこの闇の権力に篭絡《ろうらく》された人間が多数居り、日本での改革が進まないのはそのためであるという(23)。

第五章　デフレ・ギャップ克服への点火

ところで、丹羽春喜教授が指摘する、一九七〇年代半ばから二〇〇〇年までを累計すると、なんと四〇〇〇兆円もの潜在ＧＮＰを秘める、このようなデフレ・ギャップ克服に点火するにはどうしたらよいであろうか。ここで丹羽春喜教授が提案するのが、政府紙幣の発行である。(1)

丹羽春喜教授によると古来、政府がその歳入を得る手段として次の三種があるという。

一、租税の徴収
二、国債の発行
三、政府貨幣の発行

この三種の政府がその歳入を得る手段については、現在でも、経済学や財政学の入門的などで、教科書に必ず書かれているものである。ここで注意しなければいけないことは、第二項の「国債の発行」と第三項の「政府貨幣の発行」とはまったく別の概念であるということである。

さらに突き詰めていえば、第三項の「政府貨幣」の発行を実行するには、第二項の「国債の発行」といった施策を伴わせる必要などは、本質的にないということである。

これは国家たるものの固有の権利である「自衛権」同様、国家たるものの固有の権限、「貨幣発行特権」(seiniorage　セイニャーリッジ)に由来するもので、国家(政府)による「セイニャーリッジ権限」といわれる。現行の法律で、この「セイニャーリッジ権限」が示されているのは、昭和六十二年成立、法律第四二号の「通貨の単位および貨幣の発行等に関する法律」である。この法律の第四条に「貨幣の製造および発行の権能は、政府に属する」と書かれている。

丹羽春喜教授によると、事実、明治新政府がこの「政府貨幣」である政府紙幣を発行して、新政府の財政収入を確保し、戊辰戦役の戦費を賄い、近代化のための政府支出も積極的に行ったうえ、さらにはこの紙幣を民間に融資して経済活動を刺激した(2)。

これを実行したのは、明治政府きっての財政家で、新政府の大蔵次官に相当する由利公正《ゆりきみまさ》であり、このときの「政府貨幣」は「大政官札」といわれた。当時の日本は、三百年続いた徳川幕府が崩壊し、経済は先行きの不透明感で麻痺、萎縮し、江戸の町がすっかりさびれるなど、いまでいうデフレ・ギャップが発生していたのである。

第二の「政府貨幣」発行の実例は、昭和六年末から始まる高橋是清蔵相と深井英五日銀総裁のコンビで行った、いわゆる「高橋財政」である。このおかげで日本は大恐慌から脱出できたのである。「高橋財政」は新規発行国債を日銀に直接引き受けさせ、それで得た資金で大々的に内需拡大政策をやったわけである。これは、政府紙幣の発行と極めてよく似た政策である。これはケインズ型の政策が体系化される五年も前の話であるが、まったく模範的なケインズ政策であったといえる(3)。

ここで、「セイニャーリッジ権限」に基づき「政府貨幣の発行」をする際のいろいろな注意事項が丹羽春喜教授により提案されているので、次にそれをまとめてみたい。

注意事項一、この「政府貨幣の発行」というのは、経済学の不滅の名著の一つといわれる、ハーバード大学、ラーナー教授の著書「雇用の経済学」にあるように、印刷機をフル回転させて大量に発行するもので[4]、巨大なデフレ・ギャップがある場合のみに許される「打出の小槌」であり、政府はそれに対して利子を払ったり、元本を返済したりする必要はまったくなく、その発行額は、正真正銘、財政収入になる。前述、第二項の「国債の発行」との関連は一切発生しない。

注意事項二、巨大なデフレ・ギャップと「政府貨幣の発行」との関係は、七三頁[5]の図により説明される。現在の日本経済においてはＧＮＰベースで三〇〜四〇％という極めて大幅なデフレ・ギャップが生じている。しかも天井は平均年率二〜三％のテンポで上昇しつつある。したがって、わが国の経済が今すぐに積極的で極めて大規模な総需要拡大政策によって景気を回復・上昇させることに成功し、たとえ年平均率七パーセントといった「高度成長」を維持することになったとしても、三〇〜四〇％も落ち込んだところから、上向き勾配の「天井」を追いかけるわけであるから、デフレ・ギャップが消滅するまで、十年以上はかかる。すなわち「政府貨幣の発行」は十年以上継続するということになる(6)。

注意事項三、もちろん、七三頁の図で分かるように積極的で極めて大規模な総需要拡大政策を続けていくと何時しか天井に達し、インフレ・ギャップの分岐点に達する。政府の経済政策としては当然この時点を明確に見極めねばならない(7)。丹羽春喜教授はこのため、「国民経済省」あるいは「総需要管理庁」といった担当官庁の設立を提案する。これは政府貨幣の大量発行の続行による、ハイパー・インフレの惹起《じゃっき》に歯止めをかけ、今どれくらいのデフレ・ギャップあるいはインフレ・ギャップが発生しているかを計測し、どの程度の内需要拡大政策をどのくらいの期間継続すれば、これが解消されるかを見積もる、いわゆる「国民経済予算」を作成する担当官庁である。これはノーベル経済賞を受賞したオランダのヤン・ティンバーゲン教授などが提唱したシステムである。かつて、大来佐武郎氏が経済企画庁にいた頃、ヤン・ティンバーゲン教授を日本に招聘して、講演会などを開き、「国民経済予算」の制度化について国民の理解を求めたことがある(8)。

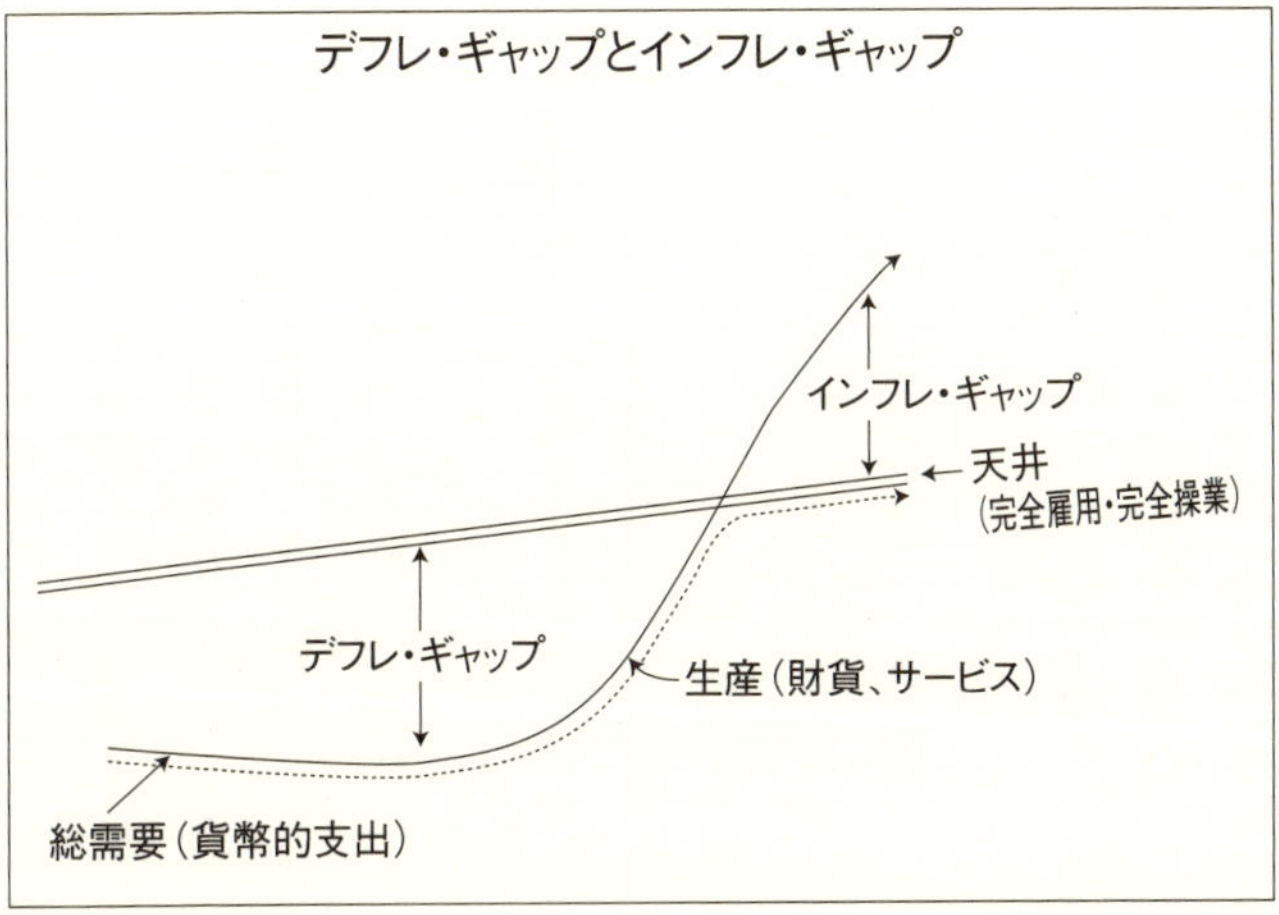

注意事項四、「政府貨幣の発行」の第二案として、

注意事項一のように政府紙幣を発行しなくても、代わりに、新しい国債を発行して、それを日銀に引き受けさせて「日銀券」を政府が手に入れ、それを用いて既設国債の償還をやるというやり方でも、同じ結果が得られる。[9] すなわち、デフレ・ギャップにおいて新しい国債という形で、独自に政府貨幣をくみ出し、それを日銀に外注し「日銀券」という形で「政府貨幣の発行」を行うものである。

注意事項五、「政府貨幣の発行」の第三案として、

「政府貨幣の発行」により「円高」の防止是正をかねて、わが国の政府や日銀が、

まず米国の国債を大量に買い付け、それとの等価交換で、日本国内の投資家からわが国の既発国債を回収するという方法もある(10)。これはデフレ・ギャップにおいて新しい国債という形で、独自に政府貨幣をくみ出し、それを、為替レートコントロールを含めて、米国造幣局に外注し、ドル紙幣という形で「政府貨幣の発行」を行うものである。

注意事項六、為替レートについていえば、「政府貨幣の発行」という手段で十二分の財源を確保し、国内的にデフレ・ギャップを解消して、完全雇用・完全操業の状態を実現することができれば、フロート制のメカニズムで決まることになる為替レートは、現在のレートよりもずっと円安のレートに決まり、わが国の産業は対外競争力を取り戻して、「空洞化」の心配など要らなくなる(11)。

明治新政府がこの「政府貨幣」である政府紙幣を発行して、新政府の財政収入を確保し、戊辰戦役の戦費を賄い、近代化のための政府支出も積極的に行ったうえ、さらにはこの紙幣を民間に融資して経済活動を刺激したわけであるが、当時の日本は、三百年続いた徳川幕府が崩壊し、経済は先行きの不透明感で麻痺、萎縮し、江戸の町がすっかりさびれるなど、いまでいうデフレ・ギャップが発生していたので、あれほど大量に政府紙幣が発行されたにもかかわらず、左表(12)に示すように、明治元年から西南戦争が勃発する明治十年に至る十年間、物価はおおむね安定であったということである。

しかし、ここで重要なことは第一章で指摘した、京都大学、佐伯啓思教授が述べる、J・M・ケインズの経済学におけるメッセージに対する、二つの大きな提案の二つ目の提案、すなわち、「グローバル資本主義が、国内産業への生産的な投資を損なう場合の対応策(13)」に注目しなければならない。

	東京	大阪
明治元年	82	71
明治2年	100	100
明治3年	104	89
明治4年	103	66
明治5年	113	55
明治6年	114	59
明治7年	117	69
明治8年	120	66
明治9年	125	57
明治10年	112	60

朝日新聞社編『日本経済統計総観』(1930)、および、斎藤修「大阪卸売物価指数、1757－1915年」『三田学会雑誌』68巻10号より

明治初期の卸売物価指数

もはや長期的な展望を持てない民間企業は、短期的利益を求めてグローバル金融市場で資金を運用するだけとなる。銀行も同様に、長期的な生産投資や新事業に貸し付けるのでなく、グローバル市場での資産運用に傾く。その結果、経済全体が「強大な

カジノ」化の傾向を持つようになる。こうして経済の安定性はもはや民間部門の手に委ねるわけにはいかなくなる。もはや「神の見えざる手」は作用しなくなり、神の手の代理人である民間企業がその役割を果たすことができない。こういう場合に、公共部門に資本を誘導し、公共投資によって生産的な部門に資本をまわすべきだということである。

そしてこの場合の公共投資としてケインズは次のような項目をあげている。

一、産業のインフラストラクチャーの整備

二、住宅建設

三、住環境の整備

四、田園的生活の維持

ケインズにとって、公共投資とは基本的に、金融のグローバリズムから国内の経済を守るための方策であったのである。すなわち、この公共投資がグローバル経済という不安定の条件の中で、人々の生計の基礎をいかにして「確実なもの」とするかという関心のなかでケインズが出した回答であった。

ところで、このような「政府貨幣の発行」に対し、中丸薫先生によって闇の権力構造による策謀がある事実が指摘されているので、われわれ日本民族はこれに十分注意しなければならない。

アメリカでは通貨の発行権をめぐって何人かの大統領が暗殺されているという事実である。(14)

第一は第二十代大統領ジェームス・ガーフィールドである。かれは、「だれが通貨の供給量を管理しようとも、全国民の事業と活動を支配する」と通貨問題を発表したために、就任後四カ月で暗殺された。

第二があの有名な第十六代大統領アブラハム・リンカーンである。リンカーンは南北戦争（一八六一年〜一八六五年）中、膨大な借金のために、ロスチャイルド家に融資を申し込むのであるが、あまりの高利（二四〜三六％）憤慨して、財務長官サーモン・ポートランド・チェーズに命じて、かの「greenbacks」を印刷して、市場に出まわせ、「この共和国の人々に今までなかった最大の恵みを与えた。彼ら自身の借金を払うための、彼ら自身の紙幣だ！」と高らかに述べた。すると、その後、「ロンドンタイムス」が次の記事を書く。

「アメリカ北部共和国から始まった有害な経済政策が定着したら、政府は損金なしにお金を供給することができる。借金を返し、商業を維持するのに必要なお金はすべて得られる。世界の文明政府の歴史の中で、前例もなき最も繁栄した政府となるだろう。各国の頭脳や富が北部アメリカに集中する。あの政府を滅ぼさないと、地球上のすべての君主国が滅ぼされてしまうであろう」

リンカーンの政府紙幣の印刷に怒ったロスチャイルド家は「金の輪の騎士団（ＫＧＣ）」と呼ばれる組織を結成し、ブースというヒットマンを雇って、リンカーンを暗殺するのである。

第三が第三十五代大統領ジョン・Ｆ・ケネディの場合である。ケネディは一九六三年六月四日に行政命令「１１１１０」を発し、一九五一年九月一九日の行政命令「１０２８９」を改定し、財務省が連邦準備制度に真っ向から対抗して、財務省銀行証券を発行するように指示したのである。事実発行された財務省銀行証券の総額は四十二億九千二百八十九万三千八百二十五ドルであった。この発行された財務省銀行証券は、すべてケネディの暗殺後回収された。

ケネディの暗殺には闇の権力構造の一人、リンドン・ジョンソン大統領が絡んでいるのではないかという憶測がある。[15]

したがって、われわれ日本国家もこの「政府貨幣の発行」を行う場合、アメリカとよくネゴを行いながらすり合わせを行うことが必要であろう。中丸薫先生が指摘する闇の権力構造が動くことは必然だからである。

第六章　ノーベル経済学受賞者、ジョゼフ・スティグリッツ教授の提案

二〇〇三年月十五日、日本経済新聞社および日本経済研究センターの共済により東京で開かれたシンポジウムに、二〇〇一年にノーベル経済学賞をアカロフ・カルフォルニア大バークレー校教授、スペンス・スタンフォード大教授と共に受賞した、コロンビア大・ジョゼフ・E・スティグリッツ（Joseph E. Stiglitz）教授が招待され、基調講演を行った。その際、驚くべきことに、丹羽春喜教授と同じく、「政府貨幣の発行」の重要性について力説されたのである。

これまではどちらかといえば、論壇で丹羽春喜教授一人の孤高なる叫びに近かったのであるが、ここで強力な味方が現れたのである。しかもノーベル経済学賞受賞者であり、前クリントン政権時の大統領経済諮問委員会（ＣＥＡ）委員長を務め、さらに、一九九七年から二〇〇〇

年まで世界銀行チーフエコノミスト兼上級副総裁も務めているから、重みが異なる。がぜん日本の経済学論壇でも取り上げられ、日本経済新聞紙上でも「政府貨幣の発行」の話題はしばしば取り上げられるようになった。本シンポジウムでも慶応大教授の榊原英資氏や、日銀理事の白川方明氏、八代尚宏氏なども夫々コメントを出している。

スティグリッツ教授の論旨はほぼ次のとおりである。(1)

論旨一、潜在成長率を維持できる総需要が生み出されないのはなぜかという問題に関し、ケインズの理論とフィッシャーの理論の二つがある。

論旨二、ケインズの理論は賃金と価格の下方硬直性を問題にしている。

論旨三、フィッシャーの理論は価格と賃金、特に資産価格が下がる（ことで債務者の負担が増

え、需要が萎縮する）問題に取り組んだ。この意味で、フィッシャーの理論は「債務デフレ理論」とも呼ばれる

論旨四、現在の日本に当てはまるのは、このフィッシャーの理論である。

論旨五、「債務デフレ理論」を使うと、ある種の構造改革が総需要を悪化させる理由を説明できる。例えば銀行の資産を健全化しようとすれば信用供給は縮小する。この理論に基づき、次の政策の柱としての三点を提案することができる。

一、「デフレからインフレへの転換」

二、「円安誘導」

三、「銀行のバランスシートの健全化」

論旨六、前一項の「デフレからインフレへの転換」は望ましい理由がいくつかあるが、その中で真っ先に挙げられるのが、「バランスシートの健全化」を促すということだ。デフレは債務の実質価値を膨らませ経済にダメージを与えるが、インフレになればそれは払

拭される。デフレは借金の実質価値を膨らませるが、インフレになればこうした現象はなくなり、個人消費は上向く。

論旨七、前二項の「円安誘導」については、日本は世界最大の債権国であるから、「円安」になれば、日本のバランスシートはおおむね改善される。「円安」はデフレ圧力を逆転させ、経済にプラス効果をもたらす。

論旨八、前三項の「銀行のバランスシートの健全化」は構造改革の決まり文句でもある。ここで指摘したいのは、重要なのは銀行に金を貸すという本来の業務を行わせるということで、ひたすら不良債権処理にいそしませることではないことだ。不良債権処理を何とかすることに大枠としては賛成だが、逆効果にならないようにすべきである。

論旨九、「円安」あるいは「デフレからのインフレへの緩やかな転換」が好ましいことだとのコンセンサスは広く形成されているように思う。
「インフレにする」と宣言すればインフレになるわけでない。

政府がインフレを宣言すれば信じるという意見もあるが、そのようなアナウンス効果が長続きした例は少ない。

必要なのは「行動」である。

ここで私は可能な選択肢を一つ述べたい。

論旨十、日本ではさまざまな政策が検討されてきたと思うが、私が提案するのはこれまでしかるべき注意が払われてこなかった政策である。

それは、「政府紙幣を発行」して赤字支出に充当するというものだ。

論旨十一、その発行量を適性水準に制限すれば、急激なインフレは回避できるはずだ。

論旨十二、日本のように低金利の国で政府紙幣を発行して国債発行よりも何かいいことがあるのかと疑問に思われる向きもあろう。

政府紙幣の発行は次のような利益がある。

イ、政府紙幣は金利ゼロの債券である。

ロ、債務として扱われない大きな強みがある。

論旨十三、日本政府のバランスシートを見ると財政赤字は国内総生産（ＧＤＰ）比約一三〇％に達している。

政府がさらに五年間ＧＤＰ比四―五％相当の国債を発行すれば、二五％が上乗される。だから格付け会社が懸念をつのらせている。

論旨十四、「政府紙幣の発行」によるマネー・サプライは債務としての性質が大幅に違うので財政赤字に含まれない。

つまり永遠に債務のままで償還はされないというのが大きな違いである。

論旨十五、しかも政府紙幣は銀行の資本注入にも使えるから銀行の資本増強戦略の一環として活用でき、銀行は金を貸せるようになる。

論旨十六、最後に、この処方がうまく効いても日本が抱える長期的な解決にはならない。

論旨十七、日本は、製造業を世界で最も優秀な地位に押し上げた高水準のイノベーションをうまく活用していない。

論旨十八、製造業の生産性向上と他の部門との不均衡を解消しない限り、経済全体の生産性は向上しない。

第七章　ジョゼフ・スティグリッツ教授の提案に対する、各界の批判的反応と丹羽春喜教授の対応

この提案に対し、丹羽春喜教授は直ちに応答し、「月刊日本」誌平成十五年七月号に「スティグリッツ氏の提案は間違っていない」という論文を発表し、かつ、スティグリッツ氏の提案に批判的な日銀理事の白川方明氏と日本経済新聞社編集委員の滝田洋一氏の発言に対し、反論している。

その内容をかいつまんで要約すると次のようになる。

第一、スティグリッツ氏提案に対する丹羽春喜教授の応答

今回のスティグリッツ提案は、私（丹羽春喜教授）のものほどきめ細かく仕上げられ

てはいない荒削りのままであるにしても、基本的には、私がこれまで繰り返し行ってきた政策提言と、同質的なものである。

第二、日銀理事の白川方明氏の発言とそれへの反論。

（1）白川方明氏の発言：「『政府紙幣』も『日銀券』も紙幣であることに、かわりないから、スティグリッツ提案は無意味である」（日本経済新聞二〇〇三年四月三十日付号）

（2）丹羽春喜教授の反論

反論一、「政府紙幣」と「日銀券」の間には、造幣益の有無という決定的な違いがある。

反論二、「日銀券」がいくら発行されても、それによって政府の財政収入となるような造幣益が生じるわけではない。

反論三、新規に発行された国債を、日銀が購入し、「日銀券」で政府に支払っても、それは、政府が日銀からそれだけの額を借金したことになり、政府の債務がそれだけ増えるわけであるから、正味の造弊益にならない。

反論四、「日銀券」の発行額は、日銀の負債勘定に計上されるのであるから、日銀自身にとっても、「日銀券」の発行は造弊益にならない。

反論五、しかし、「政府紙幣」の発行額は政府の負債勘定には計上されないで、その発行額（額面価格）から、原料費や加工費などの造幣コストを差し引いた差額が正味の造幣益となり、政府の財政収入として一般会計に繰り込まれるのであり、繰り込まれてきたのである

反論六、現在でも、五百円以下の硬貨や記念貨幣は「日銀券」と異なり「政府貨幣」であり、その総額四兆三千億円前後は政府の負債勘定に計上されないで、一般会計に繰り入れられている。

反論七、このことは、一九九四年、大蔵省印刷局公刊の「近代通貨ハンドブック――日本のお金――」一一四頁に説明がある。

反論八、スティグリッツ氏が「政府紙幣の発行」によるマネー・サプライは債務としての性質が大幅に違うので財政赤字に含まれない。つまり永遠に債務のままで償還はされないというのが大きな違いである。」と言い切っているのはさすがである。

第三、丹羽春喜教授はさらに「日本経済再生政策提言フォーラム」における「建白書への補論着目すべきは、政府貨幣と日銀券の本質的な違い！」という論文で次のように説明しておられる。

説明一、この両者のあいだに、なぜ、これほどにも大きな特性の相違が生じるのかという理由は、「日銀券」のような「銀行券」というものの形式的性質が、その銀行が振り出した手形や小切手のようなものであるのに対して、「政府貨幣」が発行されるということは、その発行額分だけ、その国の社会が保有あるいは生産・供給しうる「財貨・サービスに対する請求権」を政府が持つということを、宣言していることにほかならないという点にある。

説明二、このことは経済学の教科書的な著作類には、しばしば述べられている。

説明三　つまり、「政府貨幣」は社会の財貨・サービスに対する「請求権証」なのである。だからこそ、それは「負債」として扱われることにはならないわけである。

説明四、この「諸財に対する請求権」を、必要とあれば無限にそれを行使しうるという権能が「貨幣発行特権」として国（中央政府）に与えられているということは、まさに国家の基本権の一つであり、危急存亡の事態に国が直面したような場合には、政府はそれを発動して危機乗り切りをはかることができるわけである。

説明五、通貨に関する基本法である「通貨の単位および貨幣の発行に関する法律」（昭和六十二年成立、法律第四二号）では、「貨幣」（すなわち「政府貨幣」）の製造および発行の権能が政府に属するという「政府の貨幣発行特権」（セイニャーリッジ（seigniorage）権限）がはっきりと明記（同法第四条）されている。

説明六、その発行には、なんらの上限も設けられておらず、政府はそれを何千兆円でも発行することができ、担保も不要とされている。

しかも、発行された「政府貨幣」（「政府紙幣」や「記念貨幣」をも含む）の額が政府の負債として計上されることもなく、その発行額は政府の正真正銘の財政収入になる。つまり、「政府貨幣」の発行額（額面価額）から、その発行のための原料代や印刷費や人件費などのコストを差し引いた額は「造幣益」として国庫に入るわけである。

説明七、もとより、そのような「政府貨幣」発行による「造幣益」に対しては、政府が利息を支払ったり償還をしたりする必要はまったくない。

マクロ的に生産能力の余裕が十分にある現在のわが国のような状況のもとでは、

これは、国民（現世代および将来世代）の負担にも、いっさいならない。要するに、現在のわが国にとっては、このような特質を持つ「国（政府）の貨幣発行特権」の大規模発動こそが、まさに「打ち出の小槌」なのである。

説明八、しかも、現在のわが国でこの「打ち出の小槌」を用いようとする場合、現実的には、「政府貨幣」ないし「政府紙幣」を実際に巨額発行する必要は必ずしもない。つまり、上記の「国（政府）の貨幣発行特権」は、いわば、政府が無限に多く持っている一種の無形金融資産ですので、そのうちの、例えば四百兆円分とか五百兆円分といった一定額分の「政府貨幣発行権」を政府が日銀に売れば、それでよいわけである。

説明九、右述のごとく、現行法では「日銀券」とは違って「政府貨幣」は負債として扱われるものではないところの「諸財への請求権証」そのものですから、日銀にとっては、その発行権の取得は超優良資産を入手しうるということにほかならない。

説明十、しかも、政府がその発行権の一定額分を日銀に売るに際して、ある程度の値引きをすることにすれば、日銀はこの「政府貨幣発行権」の所定額分の取得によって日銀自身の資産内容を大幅に改善することができ、それを通じてわが国の金融と信用秩序を安泰・堅固なものにすることにも役立つ。

説明十一、したがって、このようにして日銀が「政府貨幣発行権」の一定額分を取得することは、現行の日本銀行法の第三八条の適用として可能だと思われるわけである。

説明十二、日銀から政府への、その代金の支払も、「日銀券」の現金でそれを行うといったことは不必要で、ただ単にそれだけの巨額の金額が記された日銀の保証小切手が政府の手に渡されれば、それでよいわけである。

説明十三、あるいは、政府の口座に、それだけの額の振り込みをするという電子信号が日銀から送られれば、それでもよいわけである。
政府は、その保証小切手が手に入り次第、あるいは政府の口座への日銀からの電子信号による振込みがなされ次第、それを財源として使用して、一挙に財政再建を達成することもできるし、また、それと同時に「右肩上がり」の高度成長軌道にわが国の経済を乗せるための大々的な内需拡大政策を実施することにも、直ちに取りかかることができるようになる。

これこそが、私が提言し続けてきた「救国の秘策」なのである。

第四、日本経済新聞社編集委員の滝田洋一氏の発言とそれへの反論。

（一）　滝田洋一氏の発言

発言一、日本経済新聞二〇〇三年四月二十七日付号の「時の目」欄に「太政官札の轍踏むな」という見出しで発表。

発言二、明治維新のさいの不換政府紙幣（金貨との公定レートでの交換が約束されていない政府紙幣）としての太政官札の発行を回顧する。

発言三、それが基本的には失敗であったと判定し、今回のスティグリッツ提案にも反対する。

発言四、時と共に「太政官札」の価値が下がって「ただの紙切れ」になるおそれが出てきたから、「新紙幣」と交換することで通貨価値の維持がはかられたのだ。

発言五、政府紙幣が発行されはじめたときに、内外の投資家が、「（日本の政府は）借金を返せなくなったので、返済義務のない政府紙幣を発行し始めたのではないか」という疑いを抱き出すと、日本の通貨への信認が一挙に崩れ、日銀券も通用しなくなって、日本ではドル札が流通通貨となるといった「円の死」の状況となり、「太政官札の轍を踏む」のは日本経済の悲劇だ。

（二）　丹羽春喜教授の反論

反論一、太政官札の発行を失敗ないし汚点であった決め付ける明治維新史の見かたは、総じて、左翼陣営の歴史家たちのステレオタイプの姿勢である。

反論二、慶応三年一〇月末、坂本竜馬と由利公正《ゆりきみまさ》（光岡八郎）の夜を徹しての協議で基本方針が定められ、慶応四年（明治元年）二月から実施はじめられた「太政官札」の発行は、客観的に見れば、明治維新を成功させる上で、まさに決定打として役に立った施策であった。

反論三、「明治前期財政経済資料集成」第四巻、四八〜六一頁によると、当時の維新政府は、戊辰戦争のための戦費を含めて五千百二十九万円の財政支出を行っているのであるが、そのうちの実に九八・六％にあたる四千八百万円が「太政官札」という不換政府紙幣の発行による造幣益でまかなわれている。

反論四、当時の維新政府は、まだ基盤が脆弱で、威令も十分行われず、租税を組織的に徴収する力も微弱であった。したがって、戊辰戦争のための戦費を含む巨額の財政支出の九八・六%をまかなった「太政官札」発行による造幣益がなければ維新政府は崩壊していたであろう。

当時の維新政府が「太政官札」の発行を断行しえたことこそ、維新の大業を成功させた決定的要因である。

反論五、滝田氏の発言四に関して。

この滝田氏の論説を読んだ人は、不換政府紙幣である「太政官札」と「民部省札」が兌換紙幣(公定レートでの金貨との交換が約束されている紙幣)である「新紙幣」に交換されたのだというイメージを持ったのではないかと思われる。しかし、そのようなイメージは誤りである。当時のこの「新紙幣」も、印刷や図柄がやや立派のものになったとはいえ、不換紙幣としての政府紙幣であったことには、なんら変わりはなかったのである。

もちろん、維新政府の基盤が固まり、税収が増えるにつれて、毎年の財政支出が政府紙幣の発券による造幣益に依存する程度は徐々に下がっていったのであるが、それでも例えば、明治五年になっても政府の財政支出が政府紙幣の造幣益に依存していた割合は、依然として三〇パーセントに及んでいた。

しかも、これほどにも巨額の不換政府紙幣が発行され、その造幣益を財源として、文明開化のためのインフラストラクチャー整備や防衛力充実のための巨額の財政支出と諸産業への政府融資が大々的になされ、さらには、廃藩置県にともなう旧藩の藩札等債務の償還なども少なからぬ額で行われたにもかかわらず、当時のわが国の国内物価は、西南戦争が勃発した明治十年ごろまでは基本的には安定していたのである。

明治元年の物価水準が、その前年の慶応三年の物価水準に比べて一〇パーセントも下がったあと、さすがに、戊辰戦役の影響（若干のタイムラグをともなった影響）をもろに受けた明治二年には、物価の上昇がかなり生じたが、それ以降は、わが国の物価はきわめて安定的であり、明治四年ごろになると、物価水準は明治元年の物価水準とほぼ同じところに落ち着いている。明治十年の物価水準は、明治元年のそれよりも八パーセントも低く、慶応三年の物価水準と比べると一八パーセントも低くなっていたのである(西南戦争のための戦費支出に起因する物価上昇は、やはり若干のタイムラグをともなって、その翌年の明治十一年ごろから生じた、——山本有造著『両から円へ』十二頁の物価指数表を参照)。


反論六、ということは、明治初年のころには、徳川幕府の倒壊による先行き不安といった事情による経済活動のがあり(江戸の街が灯の消えたようにさびれたと伝えられている)、マクロ的な生産能力の遊休、つまり、デフレ・ギャップが、巨大に発生していたということを物語っているわけである。

すなわち、明治の初年から十年間も物価が安定していたということは、不換政府紙幣の大量発行を財源としてなされた文明開化政策や軍備近代化の推進などによる有効需要の大幅な増大に対応して、そのような遊休生産能力が活用され始めて、諸種の物資や商品の供給も順調に増えることができたのだということを意味しているのである。

まさに、ケインズ経済学のセオリーどおりのプロセスが妥当していたということである。

反論七、驚くべきことに、由利公正はケインズ理論が体系化される七十年も前に、このようなプロセスを見通していたらしいのである。

故村松剛氏の名著『醒めた炎』でも、「太政官札」発行による由利公正の財政政策が、まさに、そのように意義づけられているのである（同書、下巻、二八三頁～二八六頁）。

このようにつぶさに回顧してみると、滝田氏が「太政官札の轍を踏むな！」と叫んで、スティグリッツ氏の「政府紙幣を発行せよ」という提言を葬り去ろうとしているのは、根本的に誤った態度であるということが明らかになるのである。

反論八、滝田氏の発言五に関して。

この滝田氏が述べたような不安について吟味・分析しようとする場合には、そのような「政府紙幣」の大規模な発行、あるいは丹羽春喜教授が提言しているように、直接には「政府紙幣」を発行せずに、ただ四〇〇兆円分ないし五〇〇兆円分くらいの政府貨幣の「発行権」を政府が日銀に売るといった間接的なやり方での

「国（政府）の貨幣発行特権」の大規模な発動によって巨額の財政収入が得られるようになったときに、わが国の政府は、その膨大な新規の財源を用いて、どのような政策を実施することになるであろうかということを、まず具体的かつ現実的に考えてみるべきである。

反論九、現在、わが国の経済においては、総需要の不足によって、膨大なデフレ・ギャップが生じている。すなわち、総需要が低迷しているために実現されえずに空しく失われている潜在ＧＤＰ額が、年間四〇〇兆円にも達しているのである。このことを旧経済企画庁および現在の内閣府は秘匿してきたが、しかし、このように、現在のわが国経済におけるデフレ・ギャップの規模がきわめて大きいということは、実証的に容易に計測しうることであって、疑う余地はない。言い換えると、現在のわが国の経済においては、このような膨大な規模のデフレ・ギャップという形で、想像を絶するほどに巨大な「生産能力の余裕」が存在しているのである。

反論十、このように「生産能力の余裕」がきわめて大きいのであるから、上述のごとく、租税徴収でもなく国債発行でもない「国（政府）の貨幣発行特権」の大規模な発動という手段で、国民にはまったく負担をかけずに、巨額の財政収入を新規に得ることができるようになった場合、政府が、その巨大財源を用いて、総需要拡大のためのケインズ的な積極的財政政策を大々的に、そして、幾年も続けて実施すれば、なにしろ、「生産能力の余裕」がいくらでもあるのであるから、需要の増大に応じてモノやサービスはどんどん生産され供給されうる。

反論十一、すなわち、このような状況では、需要に対して商品の供給が追いつかないなどといった事態は起こらないのであるから、物価が高騰することもなく生産が大幅に増え、実質ＧＤＰは高度成長となり、国民の実質所得と生活水準も急速に向上する。

しかも、これは一年限りのことではなく、中・長期的に持続させていくことも、困難ではない。そのような理想的な好況の高度成長軌道に乗った経済状態になれば、いわゆる不良債権、不良資産なども、あっという間に優良債権、優良資産に一変する。

反論十二、財源が、事実上、無尽蔵なのであるから、

社会資本の完備、

自然環境の改善、

防衛力の整備、等々に加えて、

年金制度をはじめ、社会保障・社会政策の諸制度も十分に充実させることができる。

また、これまでは国債発行残高の増加などで巨額に累積してきた政府債務も、この新規の無尽蔵な財源を用いて、どんどん償還していくことができるようになる。もとより、経済が高度成長になれば、政府の税収も飛躍的に自然増となり、必然的に、政府財政のプライマリー・バランスも黒字化する。まさに良いことずくめになるわけである。

そうなれば、外国の投資家たちも、安心して日本の証券市場や公社債市場に多額の資金を投入しようとするであろう。

このように、きわめて良好な経済状態になったときに、そうであるにもかかわらず、わが国の通貨に対するわが国民の信認が失われるなどということは、絶対あり得ることではない。

滝田氏のペシミスティックな指摘は、まったくの見当ちがいなのである。

筆者としては、「政府紙幣」と「日銀券」の相違、さらに詳しく言えば、「政府紙幣の発行」と、新規に発行された国債を日銀が購入し、「日銀券」で政府に支払う場合の相違を次のように考える。

政府は、本来、国債という「負のエネルギー」である注入と、「政府紙幣の発行」という「正のエネルギー」である注入と二つの方法を持っていた。

そしていままでは、国債という「負のエネルギー」である注入のみを行ってきたので、国家財政上、「負のエネルギー」が積み上がる一方であった。したがって、同じく「負のエネルギー」である不良債権をどうしても消却することができなかった。

そこで、ノーベル経済学賞受賞者であるスティグリッツ教授が来訪、「『正のエネルギー』を注入してごらん。『負のエネルギー』である不良債権はたちどころに消えますよ」とアドバイスされたわけである。もちろん、大阪学院大学の丹羽春喜教授はこのことを十年前から叫んでこられたのである。まさに慟哭《どうこく》の物語である。

筆者としては、この「政府紙幣」と「日銀券」の相違を、もう少し砕いた調子で次のように述べたい。現代世界では、貨幣というのは不換紙幣であって、おおむね輪転機から生まれるものである。


それで通常の「日銀券」というものは、それを発行する場合、国債という借金証書を発行して輪転機を回すものである。したがってその「日銀券」は負のエネルギーとなる。

ここでいう「政府紙幣」は国債という借金証書を発行しないで、そのまま輪転機を回すものである。そうすると、その発行のための原料代や印刷費や人件費などのコストを差し引いた額は「造幣益」となり、「正のエネルギー」の注入を形成する。

こういう「正のエネルギー」の注入を形成することができるというのが、『国家』という微妙な存在のあり方で、通貨に関する基本法である「通貨の単位および貨幣の発行に関する法律」（昭和六十二年成立、法律第四二号）では、「貨幣」（すなわち「政府貨幣」）の製造および発行の権能が政府に属するという「政府の貨幣発行特権」（セイニャーリッジ（seigniorage）権限）がはっきりと明記（同法第四条）されている。

かくして、前記、第三、説明四において、丹羽春喜教授が説明するように、この「諸財に対する請求権」を、必要とあれば、無限にそれを行使しうるという権能が「貨幣発行特権」として国（中央政府）に与えられているということは、まさに、国家の基本権の一つであり、危急存亡の事態に国が直面したような場合には、政府はそれを発動して危機乗り切りをはかることができるわけである。

スティグリッツ教授はこれだけには満足せず、さらに次のようなメッセージを付け加えている。

一、最後に、この処方がうまく効いても、日本が抱える長期的な解決にはならない。

二、日本は、製造業を世界で最も優秀な地位に押し上げた高水準のイノベーションをうまく活用していない。

三、製造業の生産性向上と他の部門との不均衡を解消しない限り、経済全体の生産性は向上しない。

それでは日本国政府には優秀な経済官僚がいながら、このことに早く気づき、財務省、経済財政省、以前の大蔵省、経済企画庁の各閣僚、および各スタッフは動かなかったのであろうか。

事実、丹羽春喜教授は声を大にしてこの事実を各種の言論誌に発表しておられるが(1)、多くの抵抗勢力に遭遇しておられる。その最大の抵抗勢力が、ケインズ主義をもって立たれる氏の経済政策の提唱に異を唱える反ケインズ主義の経済学者、経済評論家、エコノミスト、経済政策立案者の一群である。

ここで思い出すのは、前述したように現在全世界にその強い影響を与えつつある闇の権力構造の存在である。

この闇の権力構造の機関の一つに、現在世界に対して広く環境問題を喧伝している「ローマ・クラブ」というのがあって、その真の目的は増えすぎた人口をどう減らすかを検討するための基礎研究にあるといわれる(2)。

闇の権力構造は二〇五〇年に向けて、世界人口のうち「むだ飯食い」(useless eaters)」を四十億人は処分しなければならないと、試算しているということである。そしてその方法と考えられているのが次のものである(3)。

1、ウイルス開発と拡散
2、人工的に引き起こされる食料不足
3、医療や薬物治療の名のもとに行われる殺人
4、意図的な環境汚染
5、放射能汚染

6、食料の化学汚染および遺伝子組み換え食品

7、戦争

当然ながら、各国の経済発展は彼らの忌むべきものであり、米国の規模を超えた日本の経済発展などは彼らにとってとんでもないという意向であろう。したがって、経済発展を抑えられる経済理論を駆使して国家規模の謀略をめぐらしているわけである。

国際政治評論家の中丸薫先生の指摘によると、すでに日本の官僚の中にはこの闇の権力に篭絡された人間が多数送り込まれているということである。

第八章　ジョゼフ・スティグリッツ教授以外の他のノーベル経済学賞受賞者および著名経済学者の同等な提案

丹羽春喜教授によると、「政府紙幣の発行」を提案しているのは、何もスティグリッツ教授のみでなく、次のように数多くの世界的な経済学者が提案しているという。

一、J・M・ブキャナン（一九八六年ノーベル経済学賞受賞者）および、R・E・ワグナー需要不足の経済状態から脱出するための理想的な経済政策は、政府貨幣発行を財源とする赤字予算を組むことである。（Buchanan, J.M. and R.E. Wagner, Democracy in Deficit: the Political Legacy of Lord Keynes, New York, Academic Press, 1977）（深沢実、菊池威訳『赤字財政の政治経済学』文眞堂、一九七九年）。

ブキャナンの考えは次の三つの原則に基づいている。

第一、生産能力に大きな余裕があって、需要が増えれば、物価上昇なしにモノやサービスがどんどん供給されるということ。

第二、財政政策の財源を税金や国債ではなく通貨発行（政府紙幣の発行）から調達すること。

第三、政府機構を肥大化させないこと。

このブキャナン学派の影響を受けた経済学者は多く、なかでも慶応義塾大学系の有力なエコノミストたちには非常にそれが色濃く見られる。竹中平蔵総務大臣・郵政民営化担当（前経済財政相）もその一人。彼らがこの三原則を知らないはずはない。

二、ポール・A・サミュエルソン（一九七〇年ノーベル経済学賞受賞者）

円通貨（政府紙幣）の増刷を直ちに始め、三年間の減税政策を実施せよ。

（「2001」「小泉首相に税率引き下げ提言」静岡新聞　論壇　平成十三年六月一日号）

三、ディラード

政府貨幣発行を認めないことは管理通貨制度を否定することに等しい。

(Dillard, Dudley D., The economics of John Maynard Keynes,1948　岡本好弘訳、『Ｊ・Ｍ・ケインズの経済学：貨幣経済の理論』

四、ラビ・バトラ　「日本に捧げる新経済5ヵ年計画」「税収減は紙幣の増刷で補う」(一九九六年発行「ＪＡＰＡＮ　繁栄への回帰」(総合法令)

「民間部門を再活性化させるために私が提案した計画案が実行に移されればその活気は作り出されるが、それはまた同時に政府の財政赤字を急激に拡大させることになる。～中略～このような一連の財政赤字は、今までの膨大な財政赤字にまた加えられることになるのである。

ではこのような財政赤字を一体どうして補っていったらいいのだろうか。

それは紙幣の増刷で行う。借り入れが停滞しているときに通貨資金供給量を増加させるための唯一の方法は、政府が紙幣を増刷し、その増刷したお金で赤字を補填するということである。

これは「一石二鳥」である。政府の財政赤字をなくし、通貨資金供給量を上昇させるのであ

る。～中略～

第五章でも述べたように、潜在的な供給力が消費需要よりも大きければ紙幣の増刷が物価を上昇させることはない。

通貨資金供給量の増加は、現在非常に必要とされている需要の増大を生み出すのである。そして消費需要が生産供給に追いつくまで、どれだけ紙幣を増刷しようが、高いインフレの危険性はない。

ただ実際に需要が供給に追いついたときに、すぐに通貨資金供給量の増加を抑制すればよいのである。そして、そのときには現在ある経済的危機は消えていることだろう」。

第九章　国家の財政戦略の基本

ではこのように潤沢に与えられた財源をどのように使うか、それが次の問題である。

そしてこの際問題になるのが、繰り返しになるが、J・M・ケインズの経済学におけるメッセージに対する、二つの大きな提案の二つ目の提案、すなわち、「グローバル資本主義が、国内産業への生産的な投資を損なう場合の対応策[1]」に注目しなければならない。

もはや長期的な展望を持てない民間企業は、短期的利益を求めてグローバル金融市場で資金を運用するだけとなる。銀行も同様に長期的な生産投資や新事業に貸し付けるのでなく、グローバル市場での資産運用に傾く。その結果、経済全体が「強大なカジノ」化の傾向を持つようになる。

こうして経済の安定性はもはや民間部門の手に委ねるわけにはいかなくなる。もはや「神の見えざる手」は作用しなくなり、神の手の代理人である民間企業がその役割を果たすことができない。こういう場合、公共部門に資本を誘導し、公共投資によって生産的な部門に資本をまわすべきであるということである。

そして、この場合の公共投資としてケインズは次のような項目を挙げている。

一、産業のインフラストラクチャーの整備
二、住宅建設
三、住環境の整備
四、田園的生活の維持

すなわちケインズにとって、公共投資とは、基本的に、金融のグローバリズムから国内の経済を守るための方策であったのである。すなわち、ケインズにとって、この公共投資がグローバル経済という不安定の条件の中で、人々の生計の基礎をいかにして「確実なもの」とするかという関心のなかで出された回答であった。

東京大学の吉川洋教授は日本経済新聞二〇〇三年四月三十日付号の「経済教室」欄、「新しい財が大逆転を生む」において、「持続的な成長を生む先兵は、どこの国の何時の時代でも新しい財・サービスだ」と述べている。

そして、的確なビジョンを持つために有効な一つの方法は自分の国を他の国と比較してみることだとしている。例えば、衣食は足りても日本では住宅に今でも問題があると指摘する。その要点をまとめると次のようになる。

指摘一、他の先進国と比べ日本の住宅・建築物の耐久年数は著しく短い。

指摘二、合掌造りの家を思い出せば、高い住宅・建築物の耐久年数が日本の伝統ではないことが、すぐ分かる。

指摘三、しかし問題の解決は単純ではない。耐久性のある住宅・建築物は、単にハードの技術だけではない。

指摘四、行政を含めたソーシャルエンジニアリングに依存する。

指摘五、住宅は多くの個人にとって最大の資産である。

指摘六、「恒産なくして恒心なし」という。高い耐久性のある住宅・建築物が望まれる。

指摘七、そして、それと平行した中古市場の整備は、日本人のライフサイクルに大きな影響を与えるはずだ。


吉川洋教授はさらに「大逆転の発想」こそが、日本経済の長期ビジョンを考えるために不可欠だとする。そして日本はその「大逆転の発想」が可能である国であるとする。その具体例のいくつかを列挙すると左記のようになる。


発想一、農業についても、世襲を前提にしたような農業を国内に維持しようとしてもそれは無理だとする。経営形態についても大胆に見直し、バイオの先端技術力を活用しつつ、高付加価値の農業を実現すべく、普段のイノベーションが必要である。

発想二、観光についても、毎年千六百万人もの日本人が海外を訪れる時代に、ただ都会の人を地方の観光地にひきつけようというだけでは十分でない。ここでも逆転の発想で海外から人が訪れるような国際競争力を持つことに全力投球すべきだという。それによって、初めて日本人も来るようになる。

発想三、新しいアイデアが生み出されるためには「異文化」との接触も不可欠である。したがって日本は多くの外国人が訪れる国にならなければならない。この点は、まさに一国の「総合力」が試される。長期滞在者のための住宅、医療、教育等の整備は立ち遅れている。これはわれわれ日本に住む日本人にとっても課題として残されている分野である。

筆者は、これらの貴重な見解を含めながら潤沢に与えられた財源を用いて、日本人のために新しい宇宙的社会へのアクセスを可能とするベクトルを提示したいと願う。

第十章　日本経済の再建計画　具体的な需要創出（その一）

前章までに日本経済の現状とその問題点を検討してきたので、本章において具体的な需要創出と日本経済の再建の方法について記述してみたい。

第三章、第四章において、われわれ日本国家にはどれほど膨大な資産が眠っているかについて解析を行ったわけであるが、これらの財を呼び覚まし、これらの財を使っていかにわれわれは将来の日本を展開していくかということが本章の主題になる。

端的に要約すると、宇宙的未来を構成するというのがわれわれの主題となる。

宇宙的未来というのは、いろいろ定義があるだが、現在の社会は宇宙的未来と宇宙的社会に向かって進行し、宇宙的未来と宇宙的社会の各要素が、われわれの社会の各部分に浸透しつつあるというのが、われわれの理解である。別途さらに詳細に説明しなければならないが、宇宙的なリンクの中に入るということが、われわれの主題となるであろう。宇宙的なリンクとは何か。それは、われわれはまさに死を超克した文明の入り口に立っていることを自覚し、宇宙文明の荘厳な出で立ちの前に立っていることを深く自覚しながら出発することである。宇宙的未来と宇宙的社会へと向かう人類の新しい出発点がついに開始されるのだ！　すべてのものが変わりつつある、すべてのものが変化しつつあるというのが、われわれの潜在意識である。

筆者はかつて、仕事の関係でふと手に入れた資料の中に、三井造船株式会社の社内情報誌「三井造船ニュース65」ＷＩＮＴＥＲ　１９７８号というのがあり、一見して、その表紙裏の記事に非常に驚いたことがある。

それは「ウルトラ・ビッグプロジェクト」と題し、（社）鋼材倶楽部参与、市場開発部長の小島久次郎氏の執筆になる記事であった。それは、筆者がひそかに心に描いていたプロジェクト

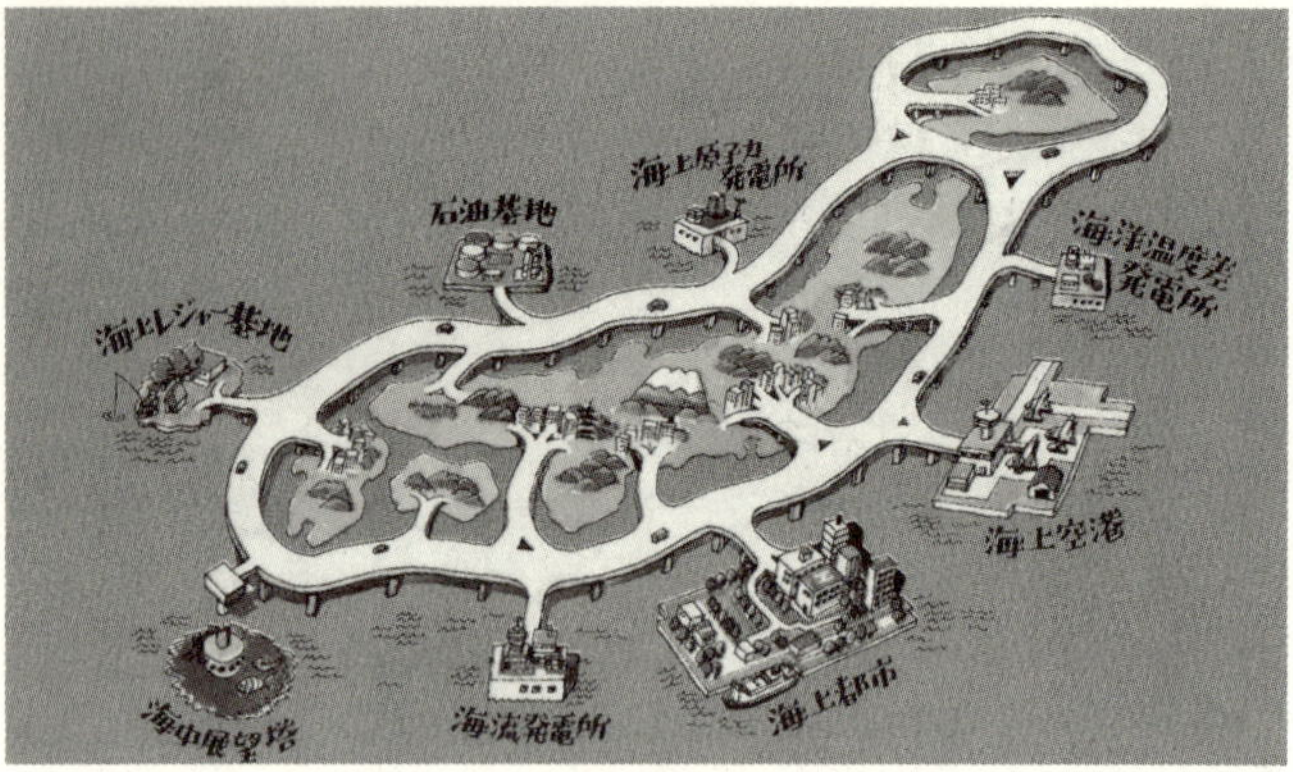

に酷似しており、一読、実に飛び上がるほどに共感した。

そのプロジェクトの内容は「〝日本列島環状線〟構想」と題されており、上に掲載したイラストをご覧いただければお分かりのように、日本列島の沖合五十キロメートルの海上に、海面からの高さ百メートル、幅百五十メートルの高速環状道路を主体とする海洋構造物を築き、列島をぐるりと取り囲む。環状線が日本海流（黒潮）と交差するところには海流発電所を、漁礁になるところには湧昇流装置を、そして流通の要所には港湾などの道路機能以外の経済施設を付帯させる構想である。

もちろん、この「〝日本列島環状線〟構想」の実現には政府が計画している「海洋開発のための科学技術に関する開発についての実行計画」を強力に推進するなど、

● 深海用土木

●海流発電
●湧昇流装置

などの基礎技術の開発を前提とする。

しかしこれらの基礎技術の開発は核融合、がん治療、宇宙探検などに比べれば、はるかに容易である。

こうして完成される日本列島環状線は

●平均水深四〇〇メートル、
●海面上の高さ一〇〇メートル
●幅一五〇メートル
●全長約八〇〇〇キロメートル

に及ぶ「重層海上構造物」となり、中国の万里の長城をしのぐ景観が想像される構造体となる。

この完成には、おそらく、

- 三〇億トンの鋼材
- 四〇〇〇兆円の資金

が必要であろうと推定される。

第三章、第四章においてすでに検討したように、われわれ日本国家には現在年間四〇〇兆円くらいの、デフレ・ギャップに起因する潜在GNPを保有しており、これを「政府紙幣の発行」によって対応するならば、わずか十年間でわれわれは四〇〇〇兆円の資金を稼動させることができるのである。「政府紙幣の発行」とは国債のような負債ではなく、利子もなく、返済の必要もないのである。極端にいうとほとんどただ同然で建設でき、しかも高い通行料を払って使用する高速道路と異なり、国民の財産として将来無料で使用することができるのである。まさに夢のような「打出の小槌」によって天から日本国民にプレゼントされた贈り物となるのである。

現在、粗鋼の日本における年間生産量は約一億トンであるから、三十億トンの鋼材というと大略その三十年分である。いかに膨大な需要かが分かるであろう。もちろん鋼材自体はこのプロジェクトのみでなく、広く各産業に幅広く使用され、かつ輸出もされているから鋼材の需要たるや、いかに巨大になるか理解できる。

（社）鋼材倶楽部参与の小島久次郎氏は次のように述べている。

「もしこの「〝日本列島環状線〟構想」というプロジェクトが具体化できれば、その直接・間接効果は膨大なものとなり、わが国が当面している難題が一挙に解決される。」

そしてその効果を次のようにのべている。

効果一、海流利用発電により、日本の必要とする電力のほとんどをまかない、莫大な石油輸入資金の節約となる。

効果二、石油備蓄、精製設備の縮小により、風光明媚な海岸が国民に解放される。

効果三、一〇〇年間で完成するにしても、毎年三千万トンの鋼材を必要である。それだけの輸入原料が必要であり、鋼材の内需用で輸出余力が激減し、外貨バランスは急速によくなる。

効果四、遠洋漁業に依存した水産たん白資源が日本列島周辺で確保でき、石油の節約と魚価の引き下げにも約立つ。

効果五、長距離輸送が国内通路から日本列島環状線に移行し、交通渋滞や交通事故を軽減、流通効率を高める。

効果六、今後開発が予想される超高速輸送機関の格好の敷設場所となり、非常時の自衛隊や機動隊などの行動効率を向上させ、飛行機の緊急着陸地にもなる。水面下の支柱は外国船の不法侵入を阻止するなど、国防効果なども期待できる。

効果七、どこでも用意に港湾として利用できるほか、流通関連施設、レジャー施設、産業施設などの設置に適し、土地問題解決にも効果がある。

効果八、環状線の景観は世界的魅力となり、観光客による外貨獲得が期待できる。

効果九、本計画実施に必要な多くの深海探査船や工作船の建造は、造船業界の技術レベルを向上させ、諸外国の海洋利用計画に貢献できる。

効果十、年間鋼材三千万トンの内需需要と各施設の建設は、現在の不況脱出と失業解決に大きく貢献する。

効果十一、国民に、無限の資源を持つ海洋に関する開発研究意欲を与え、無気力な生活目標のない人にバイタリティーを与える。

小島久次郎氏はさらに言葉をつなげて、

「以上の効果は日本の総体的生産性向上につながり、現在の難局を解決するばかりでなく、将来の繁栄をうながすと共に、国際的にも大きな刺激効果がある」

と結んでいる。

この社内情報誌が発行された一九七八年の時点で、この「〝日本列島環状線〟構想」は公知の事実となり、土木建設・造船業界から共同研究の申し入れが殺到しており、具体化に向けて本格的調査研究がスタートしたということである。調査研究は、おそらく一九九二年のバブル崩壊で中断されたのであろうが、現時点（二〇〇六年）で二十八年の月日が経過している。調査研究はある程度進捗しているのが期待される。

第十一章　日本経済の再建計画　具体的な需要創出（その二）

第二案として筆者が具体的な需要創出と日本経済の再建として提案するのは、やはり将来の日本における宇宙的未来と宇宙的社会を想定して構成するもので、第十章に提案したビッグ・プロジェクトの延長線上にあるものである。

これは二〇〇〇年（平成十二年）五月に成立し、二〇〇一年（平成十三年）四月から施行された「大深度地下の公共的使用に関する特別措置法」（平成十二年法律第八十七号　通称「大深度地下使用法」）とこれに併せて閣議決定された「大深度地下の公共的使用に関する基本方針」に基づく、大深度地下を利用する計画である。

大深度地下は
（一）地下室建設のために通常利用されない深さ（四十メートル以深）か
（二）建築物基礎の設置のために通常利用されない深さ（基礎杭の支持地盤上面から十メートル以深）のうちいずれか深い地下と定義され、原則として権利調整や事前の補償を行うことなく使用権を設定することが可能とされている。

日本経済新聞二〇〇一年二月十八日付号の「Ｓｕｎｄａｙ Ｎｉｋｋｅｉ」欄に「「大深度地下」の意外な使い道」と題して、特別記事が出たことがある。

もともとこの大深度地下は、バブル期の地価高騰の副産物として発案されたものであるが、その発想自体は極めてユニークなものである。本件はすでに一九八〇年代後半に、各省庁ですでに詳細に検討されたものであるが、現時点でも非常に興味が引かれるのは、「リニア中央新幹線」の構想である。

「リニア中央新幹線」というのは、起点である東京都から甲府市付近、名古屋市付近、奈良市付近を主な経過地とし、終点である大阪市までを時速五〇〇キロメートルで走行する超電導磁気浮上式リニアモーターカーによって結ぼうとするもので、すでにこの計画は全国新幹線鉄道整備法に基本計画路線として位置づけられ、リニア中央エクスプレス建設促進期成同盟会という組織が結成され、この中には、

一、中央、地方の行政
二、国会議員
三、経済団体
四、学　会

が含まれている。

その概略図は次頁のようなものである。

この計画が実現すれば、東京～大阪間が約一時間で結ばれることになるといわれる。

大都市圏では土地利用が高度化・複雑化しており、各種の社会資本整備にあたっては、権利調整期間の長期化や用地費の上昇により、事業が停滞しがちになっている。それで、リニア中央新幹線の東京・名古屋・大阪の大都市域を通るため、円滑な用地の確保策として大深度地下空間を利用できるような制度づくりが求められているということである。

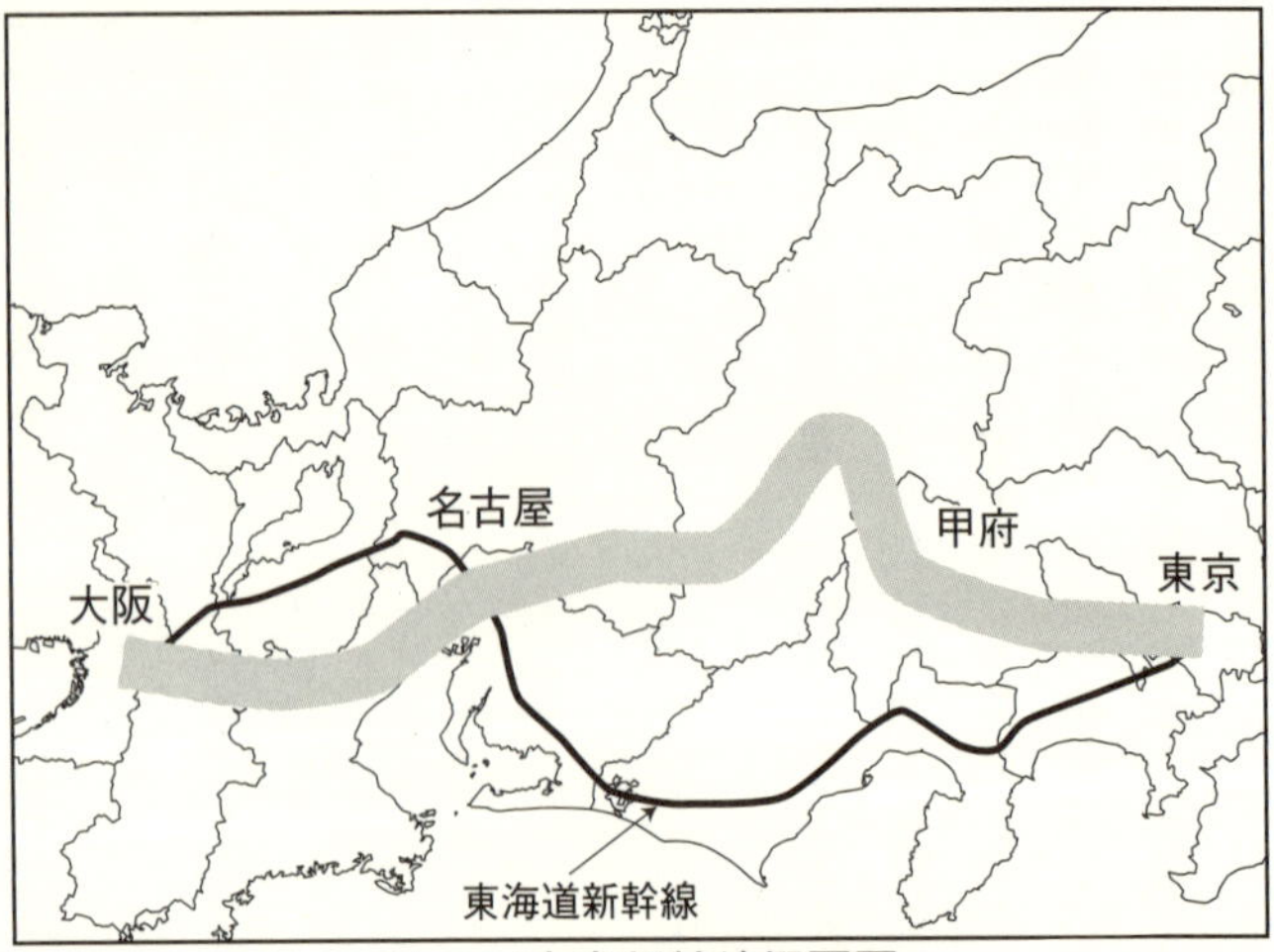

リニア中央新幹線概要図

事実、一九九五年六月には「臨時大深度地下利用調査会設置法」が成立。同年十一月に首相の諮問機関として発足した調査会で一九九八年五月に最終答申、同年六月、内閣に「大深度地下利用関係省庁連絡会議」が設置されて法制化に向けて準備が進められた。そして二〇〇〇年五月に「大深度地下の公共的使用に関する特別措置法」が成立・公布され、二〇〇一年四月に施行されている。すでに大深度地下鉄道イメージは出来上がっていて、次のようなものとなっている。

この大深度地下空間をつくる工法としては現在
一、開削工事
二、シールド工法
三、ＮＡＴＭ（New Austrian Tunneling Method）工法（ナトム工法と呼ぶ）
の三種の工法が知られている

大深度地下鉄道イメージ

それぞれに特徴があるが、シールド工法は東京湾横断道路を作った工法として有名である。現在の技術では地下百メートルまで掘削が可能だといわれる。それで、いま地下五十メートルから地下百メートルの地点に直径五十メートルのトンネルを、日本列島二千キロメートルの長さにわたって縦貫トンネルを掘削するとどれくらいの費用がかかるのであろうか。

シールド工法であると、大口径の場合、その工費は、ほぼ十五万円／㎥といわれる。これで計算すると、六百九十兆円になる。もちろんこれは工費のみであるから、これに内装その他を加えなければならない。仮にこの二倍かかると仮定すると、一千三百八十兆円になる。

いま魚の骨のようなイメージで、例えば北海道から九州の鹿児島までかかる地下トンネルを構成するとどうなるか。筆者の超概算では、その距離は五千六百三十キロメートルくらいになるから、工費のみで一千九百四十兆円、内装その他を入れると三千八百八十兆円となる。

この予算も第三章と第四章においてすでに検討したように、「政府紙幣の発行」をもってすれば、われわれには現在年間四百兆円くらいの、デフレ・ギャップに起因する潜在GNPが存在するのであるから、十年間で四千兆円の資金を稼動させることにより、広大な地下空間を作る日本列島の内部に攻勢することができる。もちろん国債ではないから、負債ではないし、利子もなく、返済の必要もないのである。

したがって、高速道路のように高額な通行料によって、われわれの経済活動を圧迫することなく、メンテナンスコストのレベルであるほとんど無料に近い金額で、国民の財として使用できる。まさに宇宙的未来を想像させる内容となる。

そしていみじくもJ・M・ケインズが、その経済学におけるメッセージとして提案したように、二つの大きな提案の二つ目の提案、すなわち、「グローバル資本主義が、国内産業への生産的な投資を損なう場合の対応策」に注目して実現したことになる。

もはや長期的な展望を持てない民間企業は、短期的利益を求めてグローバル金融市場で資金を運用するだけとなる。銀行も同様に、長期的な生産投資や新事業に貸し付けるのでなく、グローバル市場での資産運用に傾く。その結果、経済全体が「強大なカジノ」化の傾向を持つようになる。

こうして経済の安定性は、民間部門の手に委ねるわけにはいかなくなる。もはや「神の見えざる手」は作用しなくなり、神の手の代理人である民間企業がその役割を果たすことができない。こういう場合に、公共部門に資本を誘導し、公共投資によって生産的な部門に資本をまわすべきであるということである。

そしてこの場合の公共投資として既述したように、ケインズは次のような項目を挙げている。
一、産業のインフラストラクチャーの整備
二、住宅建設
三、住環境の整備
四、田園的生活の維持
ケインズにとって、公共投資とは基本的に金融のグローバリズムから国内の経済を守るための方策であったのである。すなわちケインズにとって、この公共投資がグローバル経済という不安定の条件の中で、人々の生計の基礎をいかにして「確実なもの」とするかという関心のなかで出された回答であったのである。

第三案としては、第十章で説明した〝日本列島環状線〟構想に類似しており、海を用いる構造体である。ちょうど子供たちが夏海辺の海水浴で、浮き輪で遊んでいる状況を考える。その状況と同じように、今度は、日本列島を、日本列島環状線構想の場合には、海面からの高さ百メートル、幅百五十メートルの高速環状道路を主体とする海洋構造物で取り囲んだのであるが、それに代わって、直径百メートルのパイプ構造体でぐるりと取り囲むのである。

もちろんパイプ構造体であるから海面下である。日本列島環状線構想の場合と同じように、沖合五十キロメートルの地点の水深五十メートルから水深百五十メートルの位置に、ちょうど浮き輪のように日本列島を包囲して、周囲八千キロメートルのパイプ構造体を設置するのである。パイプ構造体の上面から水面までは五十メートルあるから、船舶の航行には支障を与えない。

そしてゆくゆくは、陸上の網目の様に走る大深度地下空間とドッキングするようにする。するとパイプ構造体と陸上とは網目のように連結することとなる。もちろん人間が居住するのであるから、このパイプ構造体は当然、二重殻でなければならない。そして安全性を確保するために、各種の非常脱出口は十分備え付けられるべきである。また、将来のメンテナンスを考慮し、一キロメートルの長さごとに、フランジ構造体にして、定期的な交換ができるようにすべきである。例えば五十年に一回とかである。

このようなパイプ構造体を構築するためには、当然解決しなければならない技術的問題は数多くある。第一に解決しなければならないのは、環境が海水であるので耐蝕性の問題であろう。プラスチックスの適切な適用を考えたい。また、直径百メートルのパイプ構造体を、どうして構築していくかという工法の問題もあるだろう。アイデアとしては、メガフロートを沖合に二基設置し、その間にパイプ構造体を沈めながら溶接施行を行うことが考えられる。もちろん構造体の大きさからいって、自動溶接が考えられなければならない。

ところで、この直径百メートルのパイプ構造体の内部を、十メートル（三階建て住居の高さ）で十等分に分割すると、構造体八千キロメートルの長さで、その内部面積は約六千平方キロメートルになる。これを国土交通省の地目別面積で見ると、全国住宅地面積、一万平方キロメートルに匹敵し、工業用地面積、一千七百平方キロメートルの約三・五倍に匹敵する。

すなわちわれわれの居住空間がいかに増大するかが分かるであろう。日本国土の敷地面積は増大しないという先入観をわれわれは打破することができる。この初回のパイプ構造体を第一リングと名づけるならば、五百年くらいの単位で、第二リング、第三リングと排他的経済水域の許す範囲で増やしていくことができる。われわれはわれわれの居住空間を拡大できるのである。それではこれに要するプロジェクトコストはどれくらいになるであろうか。

直径百メートルのパイプ構造体を、水深五十メートルから水深百五十メートルの位置に設置するので海水の水圧がパイプ構造体の上部で五気圧、最下部で十五気圧の水圧でかかる。平均で十気圧である。これをＪＩＳ　Ｂ８２７１「圧力容器の胴および鏡板」に基づいて、いろいろ強め輪を按配することによって、例えば圧力容器用鋼板ＪＩＳ　ＳＰＶ４５０Ｑ材を用いて、パイプ構造体の平均肉厚を三百ミリメートル程度に推定できる。

鋼板の比重は七・八五トン／㎥であるから、総延長八千キロメートルのパイプ構造体の重量を計算すると、一重殻で約五十九億トンになる。二重殻にしないといけないから、重量は倍の百十八億トンになる。この重量に基づき、この建設に要するコストを算定すると、パイプ構造体はほぼタンカーに類似していると想定することができるから、タンカーの受注船価は現在、重量トンあたりほぼ十万円と仮定すると、約千百八十兆円となる。

ただし、日本における粗鋼の生産量は年間約一億トンであるから、この全量をこれに振り当てるとしても、百十八年を必要とする。しかしこのプロジェクトが実際に稼動し始めれば、各鉄鋼メーカーは必ずや増産体制に入るであろうから、一世紀以内に完成することは可能であろう。

もちろんこの環状パイプ構造体は一気に建造するものでなく、関東地方あるいは中部地方または東北地方と地域ごとに構造しつつ、大深度地下空間とドッキング構成を考えながら、経済的有効利用を充実させながら、世紀にわたって構築していくことが当然の方向と思われる。

もちろん環状パイプ構造体の上部海上に、数多くのメガフロートを連携させ、多数の国際空港を展開することができる。旅行者はただちに環状パイプ構造体を通って、目的とする内陸部の訪問先に到着できるわけである。

その他の効果として、(社) 鋼材倶楽部・参与の小島久次郎氏下提案された「日本列島環状線構想」と同じく、十一項目の同じような効果が期待できる。

また、将来国際協調が成立する場合、パイプ構造体を延長して、沖縄を経由して台湾と連結、玄界灘を経由して韓国と連結、あるいは小笠原諸島を通じ、マップ・メーカーズ海山群を通過しながら、ハワイ諸島と連結することもできる。もちろん宗谷海峡を越えてサハリンとの連結も可能である。もちろん建設コストはお互い折半ということになる。

政府の国家機関にはすでに海洋開発審議会というのが存在し、総理府本府組織令第十八条第一項に基づき、内閣総理大臣の諮問機関として活動している。その目的は、「内閣総理大臣の諮問に応じて、海洋の開発に関する基本的かつ総合的な事項を調査審議し、および当該諮問に関連する事項について、内閣総理大臣に意見を述べること」を所掌事務とし、学識経験者二十名以内で構成することとされている。

例えば、一九九八年六月二十二日「海洋開発審議会基本問題懇談会」における、「基本問題懇談会報告書の概要」によると、「一、わが国と海洋」と題して次のような文章が載せられている。

海洋は人類共通の資源であり、わが国は、海洋に四方を囲まれていることによって、多大な恩恵を受けている一方、沿岸域においては、津波、高潮、波浪等による災害を受けやすい面がある等、海洋とは密接な関わりがある。

島国であるわが国の特性、および、わが国と海との関わりにおいて注目すべき点として、以下が考えられる。

（一）広大な排他的経済水域

わが国の陸域面積は三十七・八万平方キロメートルであり、世界で六十位に過ぎないが、排他的経済水域の面積は四〇五万平方キロメートルであり、世界で第七位である。海洋空間利用や資源等について、大きなポテンシャルを有している。

（二）長い海岸線

わが国は島国であることに加え、入り組んだ海岸地形を持つことから、約三万五千キロメートルの長い海岸線を有している。国土面積一千平方キロメートル当たりの海岸線の長さは九十一・三キロメートルとなり、諸外国と比べて長い（イギリス五十一・四キロメートル、韓国二十四・一キロメートル、フランス六・二キロメートル、アメリカ二・二キロメートル等、「海岸長期ビジョン」海岸長期ビジョン懇談会〈一九九五年〉）。沿岸域はさまざまな目的で利用されている。

(三) 水産資源との関わり

わが国周辺の海は、寒流と暖流が交錯し世界有数の好漁場を形成している。この海の豊かな魚介類に育まれたわが国民は食文化的にも魚介類を欠かせず、動物性タンパク質の約四割と世界的にも高い割合で魚介類を摂取している。しかし近年は、マイワシ漁獲量の減少などにより、かつて世界一であったわが国漁獲量は世界第四位となり、自給率も低下している。

(四) 海に関する災害

わが国は古来より現在に至るまで、津波、高潮、波浪等による被害を受けてきた。わが国の人口や経済活動は沿岸域に集中しており、これらの災害による影響が大きい。津波については、プレートが潜り込む海溝がわが国周辺に多く、海底地震が頻繁に発生していることも密接に関係している。また最近はこれらに加え、砂浜が消失する海岸侵食が急速に進行しており、白砂青松が失われつつある。

（五）気候・気象への影響

冬季日本海側の豪雪、梅雨、高温多湿な夏、海陸風等に見られるように、わが国の気候や気象は海洋から大きな影響を受けている。

（六）海による環境浄化

藻場・干潟・砂浜は、海洋生物の幼生の生育場であり、また生物活動による窒素、リンの吸収等、沿岸水域の環境浄化に大きな役割を果たしている。

（七）港（港湾、漁港）

航空機に比して船舶は、はるかに廉価で大量の物資を輸送することができる。現在、わが国の輸出入の九九・八％は港湾を通じて行われている。国内外の物流の拠点、水産物の生産・流通・加工拠点として、港は重要な役割を果たしている。また、一九九五年一月の阪神・淡路大震災においては、海路による救援物資輸送の有効性が認識された。

（八）レクリエーション

海洋・沿岸域は国民の憩いの場としても重要であり、一九九六年、国民の約四分の一が余暇活動として海水浴を楽しんだという調査結果がある。また、レクリエーションの種類も多様化している。具体的には、プレジャーボート、ヨット、クルーズ、サーフィン、ダイビング、釣り、海水浴等がある。

（九）空間利用

従来、わが国の大都市周辺の海岸線は主に埋め立てにより造成され、各種生産、エネルギー供給、資源貯蔵等の拠点として、また都市的施設として利用されてきたが、近年は空港の立地、廃棄物処理場としての利用も行われている。

さて、このようなビッグ・プロジェクトを展開する場合、第四章ですでに説明したように、デフレ・ギャップを主体とした政府貨幣の大量発行に基づいて実行するわけであるが、次頁の図にあるように、積極的で極めて大規模な総需要拡大政策を続けていくと、何時しか天井に達し、インフレ・ギャップの分岐点に達する。

政府の経済政策としては当然この時点を明確に見極めねばならない(1)。

このため丹羽春喜教授は、「国民経済省」あるいは「総需要管理庁」といった担当官庁の設立を提案する。これは政府貨幣の大量発行の続行による、ハイパー・インフレの惹起に歯止めをかけ、今どれくらいのデフレ・ギャップあるいはインフレ・ギャップが発生しているかを計測

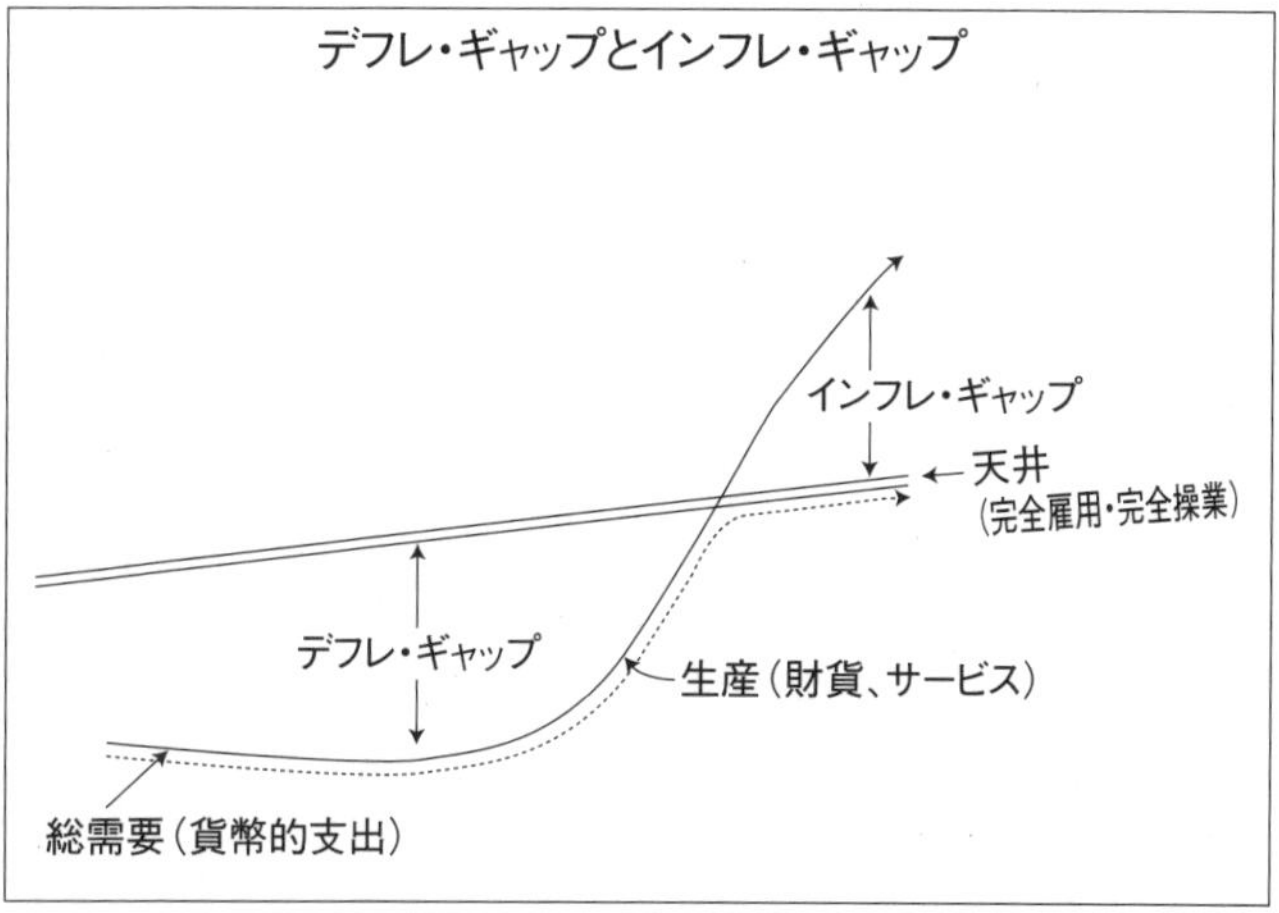

し、どの程度の内需要拡大政策をどのくらいの期間継続すればこれが解消されるかを見積もる、いわゆる「国民経済予算」を作成する担当官庁である。これはノーベル経済賞を受賞したオランダのヤン・ティンバーゲン教授などが提唱したシステムである。

資本主義経済は一般に、供給と需要との両輪によって作動しているが、筆者の察するところ、供給は長命であり、需要は短命である。特に元経済企画庁長官で作家の堺屋太一氏が指摘する「知価革命」が顕著になるとますます、そのような傾向を持つように思える。

大体、住宅一つとっても、一個の住宅を購入すると、通常では二十年ないし、三十年経過しないと次の住宅を購入するようなことはない。車の場合でも、一度新車を購入すると五年くらいはそれを大切に使う。しかし供給側はそれを待っているわけにはいかない。絶えず住宅は買ってもらわなくては困るし、車もどんどん買ってもらいたい。そうではないと経営が成り立たない。

ここに吉川洋教授が説く、ロジスティック成長（logistic growth）モデルの存在がある。したがって供給側は容易にフラストレーションに陥りやすく、それが高じると不況という事態に相成るであろう。すなわち、遊休設備が発生して、デフレ・ギャップが発生してしまう。

このジレンマを克服するにはやはり、政府が今どれくらいのデフレ・ギャップあるいはインフレ・ギャップが発生しているかを計測し、どの程度の内需要拡大政策を、どのくらいの期間継続すれば、これが解消されるかを見積もる、いわゆる「国民経済予算」を作成する担当官庁である「総需要管理庁」を設置し、国富を豊かに成長させる政策が必要である。(2)

そのためには、政府に国民全体をひっぱっていく夢がなければならい。そこに国民的需要が花咲く土台が提供されるからである。三種の神器で象徴されるマイホームの充実を夢見た一九七〇年代初頭のそのレベルを、さらにエラン・ヴィタールさせて、より高次元の生活環境を彷彿とせしめる夢である。そのような高次元の夢を提供しつつ、国民の総括的需要を激烈に開発していく行程が、いままさに決定的に始まろうとしているのである。
丹羽春喜教授によると、現在時点では年間四百兆円のデフレ・ギャップが存在しているという。これに政府貨幣の大量発行の水を注いでやれば、やがて芽を出し、花咲きほころぶわけである。しかしこのためには、花咲く方向が大切であると思う。そしてそれは、宇宙的文明、宇宙的未来の方向であるに違いない。そのかなたに広大な銀河系文明がわれわれを待ちうけているのである。具体的にいえば宇宙と海となる。そこに約四千兆円から八千兆円の国民的資産が眠っているというべきである。

丹羽春喜教授によれば、現在のわが国の経済において、「ケインズの乗数効果」が依然として健在であり、そのケインズ常数は二・四〜二・五であるといわれるから、仮に十年間で四千兆円の有効需要支出というインプットを行えば、一京円というGNPのアウトプットを生むのである。その一〇%が税収入になるとすると、一千兆円で国債の累積赤字などは一度に吹き飛んでしまう。もっとも、このプロジェクトを完成させるためには、十年から一世紀を必要とするが。ただ年間四百兆円のデフレ・ギャップが眠っているのであるから、これが目覚めれば、「ケインズの乗数効果」の効果により、年間一千兆円というGNPのアウトプットを生みだし、その一〇%が税収入になるとすると百兆円で国家財政はたちどころに回復する。これが十年続くとどうなるであろうか共に期待したいところである。

第二部　外交の策定

第一章　日米同盟とアメリカ合衆国

日本の外交について論ずる場合、まず日米同盟から論じなければならない。日米同盟に関連する項目を拾ってみると、次のような項目が存在する。

一九五一年八月：サンフランシスコ対日講和条約、日米安全保障条約締結
一九五四年：集団的自衛権を行使できないという解釈
　　1　集団的自衛権の行使
　　2　海外派兵
一九六〇年一月：現日米安全保障条約締結

一九七〇年六月：日米安全保障条約の継続
一九七八年十一月：日米防衛協力の指針
一九七八年：日米防衛協力の指針に基づく研究の実施
一九七八年：日米共同訓練の充実
一九八一年：ワシントンで日米同盟の任務役割見直し作業
一九八三年：日本の武器輸出三原則に関する交換文書
一九九一年一月一七日：多国籍軍とイラクとの戦闘、四月：掃海艇を湾岸地域に派遣
一九九二年：ＰＫＯ法（国際平和協力法）の成立
一九九四年四月：日米安全保障共同宣言
一九九四年四月：日米物品役務相互提供協定（ＡＣＳＡ）
一九九五年十一月：ＳＡＣＯ（沖縄に関する特別行動委員会）の設立
一九九六年：日米安保再定義（橋本・クリントン首脳会議）：日米安保共同宣言
一九九七年九月：ＳＣＣにおける新たな「日米防衛のための指針」の了承
一九九八年十一月：米国の東アジア・太平洋地域における安全保障条約（ＥＡＳＲ）
一九九九年：ガイドライン関連法案

一九九九年一月：憲法調査会の設置
一九九九年五月：周辺事態に際してわが国の平和および安全を確保するための措置に関する法律
二〇〇一年十月：テロ対策特措法に基づく対応措置に関する基本計画
二〇〇三年六月六日：有事法制の成立
二〇〇五年二月：日米安全保障協議委員会において「未来のための変革と再編」を協議
二〇〇六年一月：日米、同盟支援協定に署名

日米同盟は日本にとって最も重要な同盟であるが、同盟国アメリカを論ずるにあたって注意すべき問題がある。それは同盟国アメリカが持つ特殊な二重性の問題である。

アメリカは、一七七六年独立宣言を発し、一七八三年のパリ条約により独立を果たしたが、その前後ヨーロッパから大挙して多くのヨーロッパ人が新大陸に移住してきた。この到着した移民は大別すると大きく二つのグループに分けることができる。

その一つは一六二〇年コッド岬に上陸したメイフラワー号の清教徒ピルグリム＝ファーザーズに代表される、よきアメリカ人の一般大衆である。

そしてもう一つは作家広瀬隆氏による「赤い盾」（集英社）に描かれている、十八世紀、ドイツ、フランクフルト・アム・マインで赤い盾（Rorschild）を屋号とする両替商マイヤー・アムシェルに端を発するロスチャイルド家を中心とする国際金融財閥の一群である。

国際政治学者で、歴史学者としても著名な京都大学の中西輝政教授の近著「アメリカ外交の魂（集英社）」ではこのアメリカ合衆国の出発点に関し、同様に三つの要素を列挙している。(1)

第一の要素はもちろん、一六二〇年コッド岬に上陸したメイフラワー号の清教徒ピルグリム・ファーザーズである。彼らは「たしかに『社会』としてのアメリカ歴史の核となる始まり」であり、「聖職者でない俗人の宗教指導者と、その仲間たちが行った移民が、アメリカ社会の礎になったということ」である。「つまりそれは、純粋な意味での宗教的・社会的なアメリカの始まりである」というわけである。(2)

第二の要素は、一六三〇年六月、マサチューセッツ湾に碇を下ろしたジョン・ウィンスロップ（一五八八年～一六四九年）と千人になんなんとする裕福なピューリタン植民者を乗せた「アーベラ号」である。彼らはイギリスの堕落した教会と国家を改造し、ひいては全世界を改造することを目指していた[3]。そして一六三〇年代を通じて行われた、イギリス国王チャールズ一世のピューリタン弾圧に遭遇し、一挙に数万のイギリス人ピューリタンがウィンスロップのあとを追い、ニューイングランドに移住するのである。実はこの一群のなかから、アメリカの独立と、一七七六年の独立宣言が草されるのである。アメリカというのはその創成期からして、徹頭徹尾「宗教国家」であった。しかしこのなかに、これから筆者が指摘する、国際金融財閥の一群（フリーメーソン）が介在し、アメリカ社会をさらに複雑なものとするのである[4]。

第三の要素は、リンカーンとその死をもって完了するとする。「アメリカ憲法」の確立、「連邦」の確立である[5]。

この国際金融財閥の一群の活動に関して、最も先鋭的な情報的追求と提供を行いつつ、その持つ国際的危機に警鐘を鳴らしつつけておられる、明治天皇の孫でも在り、「太陽の会」を組織し世界的な平和運動を展開されておられる、国際政治評論家・中丸薫先生が居られる。

以下の情報は、主としてこの中丸薫先生の著述、「〝闇〟の世界　権力構造と人類の指針」（文芸社）、「明治天皇の孫が語る　闇の世界とユダヤ」（文芸社）、「日本が闇の権力に支配される日は近い」（文芸社）、「真実のともし火を消してはならない」（サンマーク出版）、「国際テロを操る闇の権力者たち」（文芸社）、「闇の世界権力はこう動く」（徳間書店）、「世界はなぜ、破壊へ向かうのか」（文芸社）等と、中丸薫先生の数多くの講演会に基づくものである。

アメリカの初代大統領は有名なジョージ・ワシントンであるが、彼はフリーメーソンの一人であったといわれる。(6) フリーメーソンの歴史は古く、古代の「石工」すなわちメーソンから、きているといわれ、したがってフリーメーソンとは「自由な石工」という意味となる。(7) 彼らはヨーロッパ中世期、王権華やかなりし頃、一般人が自由に移動できなかった時代でも、その宮殿や寺院を建設する技術のゆえに、ヨーロッパ各地を自由に移動することができた。

例えば、今日はローマでサンピエトロ寺院を造り、明日はヴェニスでサンマルコ寺院を造るという具合である。そして建設という技術の特性上、古代から伝えられた秘教的な特殊知識にも自ら通じるところがあった。建設という技術は今日もそうであるが、ひとつの総合的な技術である。多額の国家的な規模の予算を必要とし、多年にわたって、一つの工事に従事しなければならない。

しかも工事当事者として発注者である政府高官とも交渉もしなければならないであろうし、工事の進捗状態を認知するために、晩餐に招待されることもあるであろう。建設工事完成ともなれば、建設地域の風俗と公的儀式と宗教にのっとり、完成儀式にも出席しなければならない。また工事の内容によっては、数千人あるいは幾万人のその地域の一般大衆と生活を共にしなければならない。

言語の問題も発生したであろう。例えばＢＣ六世紀、ネブカドネザル大王によって造られたバビロンの宮殿はいかなる技術内容で構成されていたのであったのであろうか。ＢＣ二五〇〇年ごろのクノッソス宮殿は、どのような技術内容で造成されたのであろうか。このような古代の建設技術の一つ一つがひとつの秘教的な特殊知識となって、彼ら「石工」、すなわちメーソンの間には伝達されていたに違いない。

ちなみに、旧約聖書の列王記上第五章から第九章まで、かの有名なソロモンの宮殿が建設されるいきさつが詳細に記述されているが、主イエス・キリストもこの「石工」を地上での職業

とされたのである。ともかく彼ら「石工」は、ヨーロッパではエリートとして特権を与えられていたのである。(8)

しかし十七世紀以降、寺院建築や大規模な建築が減少したことで、職人、石工、建築家で構成されていた「実践的メーソン」に対し「思弁的メーソン」へと主流が移行した。そしてこの「思弁的メーソン」のメンバーとしては、王侯貴族、名士、有識者で占められるようになり、ロッジと称するフリーメーソンの集会、儀式を行う会堂には、職人がほとんどいないロッジも現れた。そして十八世紀、一七一七年にロンドン郊外で四つのロッジが合併して、上部構造であるグランド・ロッジが構成される。これが近代フリーメーソンの起源であるといわれる。(9)

この時、新憲章が作成され、そもそも出発点である天地創造をそのときから五千五百七十二年前、つまり紀元前四〇〇四年と設定したというから驚きである。なお、フリーメーソンには女性の入団は許されていない。

フリーメーソンの理念は、宗教や民族を越えた人類愛であるとされるが、フリーメーソン組織には徹底した秘密性がある。古代からの霊知は組織の基礎であり、悪用の恐れがある秘教的な知識、霊知識は極秘とされた。そして教理には、本質的な知識は正しく理解しうる者のみに与えられるべきだとする。さらに、この秘密結社には厳格な階層があり、少数の指導者と残りの従属者とがピラミッド構造を成している。下位の者は秘密のごく一部しか教えられず、上位に昇進するにしたがって、次第に秘密が明らかにされる。そして、やっと教えられた秘密中の秘密は、口外が厳禁される。

教義は古代の叡智と知識が集積したもので、メンバーはその教義を象徴するシンボルだけで直感的に認識することができる。つまり言葉を使わずに、思弁的に感知できるシンボルによって意思疎通を行っている。これは言葉による制約がない上、一切の証拠が残らない。

秘密組織の最高レベルでは、数千年にわたって、人を操作する技術の研究が行われてきた。そして現在では、その技術は高度に磨かれ、表現法、音、色、シンボルなどが用いられるという。国連や米国一ドル札にみられる「万物を見通す目」はその代表で、ピラミッドの頂点から行われる精神支配を意味するという。

しかし残念ながら、このフリーメーソンも十八世紀後半、別の秘密結社イルミナティに乗っ取られてしまう。したがって現在ではフリーメーソンはこの秘密結社イルミナティの下にあると見るべきである。

ともかく、アメリカの初代大統領であるジョージ・ワシントンはこのフリーメーソンであったわけである。当時、英国のフリーメーソンとフランスのフリーメーソンのグループがあったわけだが、アメリカは英国と独立戦争を行ったために、独立までは英国のフリーメーソンに、独立後はフランスのフリーメーソンのグループに支援を受けることになる。かくして一七七八年、米仏同盟条約が締結されることになる。

一八八六年、アメリカ独立百周年記念としてフランスから米国に「自由の女神」が贈られるが、これはこのようなフランスのフリーメーソンのグループの支援によって米国の独立が達成されたという歴史的背景によるものである。そこに掲げられている銘版にはフリーメーソンのマークがしっかりと刻み込まれている。

アメリカの独立のために戦ったのは、新大陸植民者のたった五%に過ぎなかったといわれるが、独立宣言に署名した建国の士、五十六名のうち五十三名までが、実はフリーメーソンであった[10]。そして初代から第三十八代ジェラルド・フォードまで、少なくとも十五人がフリーメーソンであった。

日本国家が日米同盟に基づいて、国益を守るためアメリカと外交を展開する場合、注意しなければならないのは、アメリカの持つこの構造的二重性である。一六二〇年、コッド岬に上陸したメイフラワー号の清教徒ピルグリム＝ファーザーズに代表される、すなわち外側の、よきアメリカ人の一般大衆と、内部のコアに存在する、いうもいい難きフリーメーソンを中心とする、いみじくも国際政治評論家の中丸薫先生が指摘する〝闇〟の世界権力構造と称される国際金融財閥である。

第二章　フリーメーソンの歴史

いま少しこのアメリカ合衆国を形成する内部のコアについて言及してみたい。

近代フリーメーソンは、一七一七年ロンドン郊外において成立するわけであるが、十八世紀末にはこの組織もイルミナティという別の秘密結社に事実上のっとられたという。(1) そして現在、このイルミナティの存在に気づかないフリーメーソンも多いということである。

このイルミナティの発端をつくった人物は一七七四年、二十二歳でフリーメーソンに加わった、ドイツ・バイエルンのインゴルシュタット大学の法学教授、アダム・ヴァイスハウプトであるといわれる。彼は世界統一の夢を描いていたという。はからずも一七八〇年、彼は組織形成に特別な才能を持ち、ヨーロッパで指導的立場を獲得していたクニッゲ男爵と出会う。そして彼を通じてイルミナティは瞬く間に広がり、三千人ほどの規模に膨れ上がって、ヨーロッパの高級フリーメーソンの間に一つの無血クーデターが起きたような状況になった。

そしてイルミナティは、その中から特に熱心で強い権力を持つ人々を選び、フリーメーソンよりも陰惨で秘密主義的な入団儀式を通して、教化していったということである。かくして秘密結社の中の秘密結社が発生したわけである。

なぜこのような運動が可能になったかというと、十八世紀に発生したヨーロッパの啓蒙運動がベースになり、そこから派生した神秘主義運動やカルト組織の運動が関係している。この当時すでに発生していた運動としては以下のようなものがあったという。

一、ユダヤ教のカバラ主義
二、キリスト教のグノーシス主義
三、イスラム教のスーフィズム
四、アサシン派秘密暗殺団
五、テンプル騎士団

このイルミナティは欧米で展開する、その後のあらゆる秘密結社の中枢をなしているといわれる。

ちなみに、フランクリン・デラノ・ルーズベルトはこのイルミナティで、フリーメーソンの革命階位は最高の三十三階位であったといわれる(2)。

その後、イルミナティを中心にしてヨーロッパとアメリカで次のような組織が構築され、現在に至っている。

一、円卓会議：一八九〇年、世界に植民地を持っていたイギリスが、植民地政策を推進するために創設したもの。最初、オックスフォード大学教授であったジョン・ラスキンにより創設、後、彼の弟子であったセシル・ローズにより組織は強大化される(3)。英国貴族、ロスチャイルド家等、ごく限られたメンバーにより構成。後、これが発展して、英国王立国際問題研究所（ＲＩＩＡ）となる。

二、ビルダーバーグ・グループ：円卓会議の意向を展開する極秘エリート・グループ。最初の極秘会議はオランダ、オーステルベックにあるビルダーバーグ・ホテルであった。これ以来このホテルにちなんで、この名前で呼ばれる。この会議に招待されるのは、ヨーロッパの国王、総理大臣、大統領、大臣、大使、大企業家、国際金融財閥、米国の民主、共和党議員である。開催は毎年一回。例えば、マーシャル・プランやＮＡＴＯはここで考案されたものである。

三、外交問題評議会（ＣＲＦ＝Council on Foreign Relations）：第一次世界大戦後の一九二一年に創立される。メンバーは米国人男性によって構成される。アイゼンハワー大統領以来、歴代の大統領、国務長官などの各長官クラスはここから送り込まれた。米国を動かす全分野を網羅している。知名な人としては、キッシンジャー、シュレジンジャー、ブレジンスキー等がいる。アイゼンハワー大統領以来、五千人にものぼるメンバーを政権の座に着かせ、陰から政府の政策を操った。本評議会は現在、デビッド・ロックフェラーによって主宰されている。

四、日米欧三極委員会（TC＝Trilateral Commission）：一九七三年六月、日米財界人会議の際、D・ロックフェラーの提言で、一九七三年一〇月に設立。目的は以下の三項目とされる[4]。

（一）三地域の民間指導者が共同作業を行い、コミュニケーション・ギャップを埋め、共通の理解を得る。

（二）経済、政治、資源問題さらに発展途上国との関係などの問題に関して、三地域の政策を実施できるような政策の提言を行う。

（三）政策提言、勧告の具体的実現のために、三地域の政府や民間関係など、諸方面に強力に働きかける。

表向きの活動はこれであるが、要は闇の権力構造の一つである、国際金融財閥に有利な世界をつくり出すために、各国政府に圧力をかける組織である。日本の政財界の著名な人々がその名前を連ねている。詳細は明治天皇の孫でもあられる、国際政治評論家・中丸薫先生の最近の著「世界はなぜ、破滅へ向かうのか」（文芸社）に詳しい。

上記四組織以外に、ロンドンにタビストック研究所というのがある。(5) 正式名称はタビストック人間関係研究所というが、同研究所は一九二一年、英国王室によって創設され、一九四五年以降はロックフェラーが支援している。その目的は大衆のマインド・コントロールを研究することにあるとされている。世界各地の戦争や虐殺、流血革命などの陰謀は、直接あるいは間接に本研究所が関係していると指摘される。実は、日本に真珠湾を攻撃させるという戦略もこのタビストック研究所が考案したものである。現在、世界の若者の間ではやっている、ロック・ミュージックも、世界の若者の頭脳を錯乱させるために、多大の予算を使って、本タビストック研究所が開発したものであるという。

ちなみに、カーター前大統領はタビストック研究所の卒業生で、その頭脳は洗脳特訓を受けていたといわれ、このとき展開されたローマ・クラブにも深く関与している。

事実、このローマ・クラブの運動は二重構造になっていて、(6) 世界の食糧問題や地球の温暖化を論じながら、世界の強制的な人口削減を狙う、英米の金融資本家と闇の権力構造の陰謀機関であり、米国の諜報機関とも緊密に連携している。この初代会長は、オリベッティ社の副社長、フィアット社の重役を兼務したアウレリオ・ペッチェイで、民族国家に激しく反対している人間であった[7]。

ペルーで活躍した、アルベルト・フジモリ氏が大統領だったときに戦って勝利した共産ゲリラは、麻薬グループのテロで、このうちにはローマ・クラブの陰謀が存在しているという[8]。

第三章　ヨーロッパにおける黒い貴族の発生

中丸薫先生はこのようにヨーロッパおよびアメリカにおいて秘密結社が発生する裏には、ヨーロッパ一円に広がる黒貴族の存在が基本的にあるという。

その歴史は今から数千年以上前、カナン人の時代にさかのぼる。(1) 旧約聖書、創世記第九章、十八節か二十七節にかけて次のような記事がある。

「箱舟から出たノアの子らはセム、ハム、ヤペテであった。ハムはカナンの父である。この三人はノアの子らで、全地の民は彼らから出て、広がったのである。

さてノアは農夫となり、ぶどう畑をつくり始めたが、彼はぶどう酒を飲んで酔い、天幕の中で裸になっていた。カナンの父ハムは父の裸を見て、外にいるふたりの兄弟に告げた。セムとヤペテとは着物を取って、肩にかけ、うしろ向きに歩み寄って、父の裸をおおい、顔をそむけて父の裸を見なかった。

やがてノアは酔いがさめて、末の子が彼にした事を知ったとき、彼は言った、「カナンはのろわれよ。彼はしもべのしもべとなって、その兄弟たち仕える」。

また言った、『セムの神、主はほむべきかな、カナンはそのしもべとなれ。神はヤペテを大きくならしめ、セムの天幕に彼を住まわせられるように。カナンはそのしもべとなれ』」

ここから、現在、イスラエルを中心とする中近東一体を呼称するカナンという地名が発生していている。もともとこのカナンはチグリス、ユーフラテス河をふくめて古代キリスト・エクレシアが発生していた地域である。


古代エジプトの新王朝ラメセス二世（ＢＣ一二九〇年――一二二四年）のときイスラエルの預言者モーセに率いられて出エジプトしたヘブライ人はＢＣ一二五〇年ごろ怒涛のごとくこの

カナンの地に侵入した。

　これはあくまでも神命によるもので、偶像化した古代キリスト・エクレシアの残影を放逐し、ユダヤ教という当時の新教会を建設し、究極的には人類全体をあがなうという神の絶大な計画を実行するためであった。事実、このユダヤ教会から主イエス・キリストが誕生し、全人類が贖いの中に包摂されていくという世界的歴史への展開となるのである。


　このときはからずも放逐された、偶像化した古代キリスト・エクレシアの残影の一民族があり、フェニキア民族がいた。これは、ダビデ王朝時代、イスラエル部族を悩ませたペリシテ人ではないかという説がある。このフェニキア民族がかのローマ人と第一、第二、第三ポエニ戦役を繰り返した地中海、北アフリカのハンニバルで有名なカルタゴ国である。

　ローマ人によって壊滅された後、彼らはローマの地中海沿岸の植民地に散らばり、当時の奴隷貿易等で富を蓄え、特に北イタリア地域に浸透し、やがて東ローマ帝国と接触し、地中海貿易の商人として栄え、フェニキア――ヴェニツィア――ヴェニスと音変化で推定できるように、ヴェニスに本拠地を置いて活躍することになる。ジェノバはその姉妹都市であった。彼らは財力にものをいわせ、当時の貴族社会に進出していくが、もともと中近東出身の民族であるゆえに、皮膚の色が黒く、それ故に「黒い貴族」と呼ばれた。

やがて北イタリアを中心に、通商、銀行経営に乗り出すが、時代のすう勢と共にきたヨーロッパに展開し、十四世紀には、ジェノバの家系がスコットランドに土地を所有する。ヴェニスの権力の絶頂期であった十四世紀、ヴェニスはオスマン帝国にその領土を奪われていくが、その代償として領土を、ポー河沿いの内陸部に拡大する。

その後、イングランド、フランス、ドイツ、スペインなどの国々は、ヴェニスとその衛星国ジェノバの負債ゆえに、隷属を強いられる状況になった。ちょうどシェークスピアの「ヴェニスの商人」に象徴されるかの時代である。すなわち、これは英国が黒い貴族に押っ取られていく時代の背景の物語である。

カナン・フェニキア人の末裔にとっての常套手段は、ヨーロッパ諸王国の諸侯を互いに争い合うようにしむけることであり、時にはイスラム諸国との紛争を工作することであった。英国王は一度このカナンの呪いを断ち切ることに成功するのであるが、結局は英国全体がこのフェニキアの末裔に乗っ取られ[2]、黒い貴族・オレンジ公ウィリアムが英国を占領し、ウィンザー家の現在の英国王室を開くのである。現在の英国王室エリザベス二世女王はこのヴェニスの黒い貴族の末裔である。

そして、この黒い貴族・オレンジ公ウィリアムの英国占領の陰には、同じ黒い貴族の末裔たる銀行家の支援があったのである。当然ながらこれが現在の英国銀行である。[3] この黒い貴族はその財力を背景に貴族階級に浸透し、ヨーロッパにおける権力闘争に最終的に勝利する。[4] かくして、彼らは国際エリートを自認して世界に登場しているわけであるが、彼らは以下のような特性を持っているという。[5]

一、自由貿易の名目で行われる他民族国家の経済・金融支配
二、中央銀行に基づく、国際金融財団もしくはその使用人による、多民族国家の支配
三、だまされるのは、頭を使わない正直者が悪いという功利主義
四、エリートのみが生存権を持ち、他は家畜としてのみ待遇するという優生学的発想
五、愚かな債務者は、家畜・奴隷として永遠に利子を払い続ける利子奴隷制度
六、徹底した唯物論に基づき、金がすべてで、精神的価値観など存在しない金融万能主義
七、マスコミを使って他国民を、洗脳・錯乱させた上で、分割支配する地政学

なお、本章で述べるこの主題について、さらに詳細に研究、学術的展開を行っている思想家、学者あるいはジャーナリストは、欧米の著述家に多数存在している。その主だった人々を列挙すると次のような方々である。

ユースタス・マリンズ、ジョン・コールマン、フリッツ・スプリングマイヤー、デス・グリフィン、テックス・マース等の諸氏である。

中丸薫先生の著書「日本が闇の権力に支配される日は近い」（文芸社）にはユースタス・マリンズ氏との貴重な対談が載っている。

第四章　カナンの人類的問題点

すでに、前著「日本人は神を発見できるか」で説明したように、古代、人類はその生命的降下を二度この地球で体験している。第一回目がエデンの園を崩壊し、失楽園を体験した、アダムとイブの時代である。

そのときに至るまでは、人類は歴史的に死を体験せず、永遠の生命が地上に存在していた。しかし、神の禁じた「善悪を知る木の実」(旧約聖書　創世記第二章十五節)を食することにより、人類は死を体験するようになるのである。

これ以降、アダムより、カイン、アベル、セツ、エノス、カイナン、マハラレル、ヤレド、エノク、メトセラ、レメク、ノアと人類の生命性は下降を続け、巨人ともいうべきネピリム（旧約聖書　創世記第六章四節）を輩出するまで、人類は生命的に下降に下降を続けるのである。後にダビデとゴリアテとの戦い（旧約聖書　サムエル記上　第十七章四節から五十四節）で、有名になるこのゴリアテもこの種族の一人である。ネピリムは極めて強力に自分の意思を人に押し付けるヒュプノ的心理的特性を有し、非常に危険な存在であるので、現在は地獄のある一廓に主イエス・キリストにより閉じ込められている。

エマヌエル・スウェーデンボルグは霊界に、これらの降下を続ける種族を一つ一つ訪ね、人類の下降の系列を克明にたどり、どうして人類は生命的に下降したのか、そして下降した部分はどういう部分であったのかということについて、事細かく追究するのである。(1) そして地獄にいるネピリムも訪ね、その特性を探究している。(2)

この第一回生命的降下が開始されるまでが、古代人類の宇宙性古代キリスト・エクレシア時代で、基本的にこの時代の人類は「死」を超克しており、宇宙系銀河文明とも接続関係を維持し、永遠の生命を体験していたのである。そしてコンピューターLAN構造に相当するシステムで天界と連携しており、全天界インターネットも確立されていたのである。

第二回目の生命降下線はノアの洪水で象徴される、ノアの種族以降における人類の系列で例示される。ノアの洪水以降の教会を、歴史的古代キリスト・エクレシア（教会）、あるいは単に、古代キリスト・エクレシア（教会）と称することができる。この生命降下線のノアの子孫には、セム系、ヤペテ系、ハム系の三種類があり、われわれ日本人はこのセム系に属すると考えられている。

宇宙性古代キリスト・エクレシアの人々は実にSF的ではあるが、半霊空間ともいうべき霊雲空間に囲繞《いにょう》されて生活しており、その内容は、われわれが現在では、母親の母体内で経験する羊水空間のようなものであった。ヘブライ神学用語でいえば、セキナー空間というべきものがそれである。セキナーとは神的存在が霊雲のごとくわれわれのまわりに囲繞する状態で、ユダヤ民族は出エジプトの折、シナイ山でそれを濃密に体験することになるのである（旧約聖書出エジプト記　第十九章十六節から二十二節および出エジプト記　第二十四章十五節から十八節）。

「三日目の朝となって、かみなりといなずまと厚い雲とが山の上にあり、ラッパの音がはなはだ高く響いたので、宿営にある民はみな震えた。モーセが民を神に会わせるために、宿営から導き出したので、彼らは山のふもとに立った。シナイ山は全山煙った。主が火のなかにあって、その上に下られたからである。その煙は、かまどの煙のように立ち上り、全山はげしく震えた。ラッパの音がいよいよ高くなったとき、モーセは語り、神はかみなりをもって彼に答えられた」。

したがって、それまで人類は、決して太陽および太陽光線を現在のような感覚的視覚で、すなわち肉体の目で直接目視することは決してなかったのである。それはちょうど現在、金星がそのような状況にあるといわれている。第二の生命降下の途次《とじ》、ノアの洪水において初めて人類は雲間、つまり雲の切れ目を初体験し、そこに美しい虹を初体験するのである（旧約聖書　創世記　第九章十三節から十六節）。

この第二の生命降下線において、人類は偶像化ということによって、さらに生命的下降を続ける。それに付帯して、特に忌むべきものとして、人身御供の風習が随伴して派生する。これは中国の殷の時代、中南米の古代文明アステカ文明等でも共通に指摘されている。旧約聖書　列

王紀下　第三章二十六、二十七節にそのような記述がある。

「モアブの王は戦いがあまりに激しく、あたりがたいのを見て、つるぎを抜く者七百人を率い、エドムの王の所に突き入ろうとしたが、果たさなかったので、自分の位を継ぐべきその長子をとって城壁の上で燔祭《はんさい》としてささげた。その時イスラエルに大いなる憤りが臨んだので、彼らは彼を捨てて自分の国に帰った」。

別に旧約聖書　エレミヤ記　第十九章五節に次のような記事もある。

「また彼らはバアルのために高き所を築き、火をもって自分の子どもたちを焼き、燔祭としてバアルにささげた。これはわたしの命じたことではなく、定めたことでもなく、また思いもしなかったことである」。

しかし、ノアの洪水によって発生した歴史的古代キリスト・エクレシアは、最初確かに宇宙性古代キリスト・エクレシアのごとく、天界とコンピューターＬＡＮ構造が構築され、全天界インターネットも確立する事態には至らなかったけれども、内部的には極めて神秘的であり、

「仁」をもってその基本を確立し、生命的には実に満ち満ちた世界であったのである。この歴史的古代キリスト・エクレシアは、チグリス・ユーフラテス河畔から始まり、中近東、インド、中国、日本をまたぎ、広くアジア全体に広がったのである。

そして神秘的であるがゆえに、生命の下降と共に偶像に変質しやすく、生命の波動の物質化と共に物質化する傾向をたどるのである。

そして、現在この脱落した民族の中に、黒い貴族としてヨーロッパに君臨し、世界の金融界を席巻し、国際金融財閥を形成し、闇の権力構造を形成して、さらにいまやアメリカのコアを形成しようとする古代フェニキア人種がいたのである。

この下降の傾向をとどめるために、歴史的古代キリスト・エクレシアに代わるものとして、神が次の策としてとった方策が預言者モーセを通した出エジプトの敢行とユダヤ教会の新たなる創設である。事実、現在われわれが所有する聖書の内容はその一部分を除き、この大部分がこのユダヤ教会の成立と解体の物語となっている。

このユダヤ教会成立の内容は、天界の内容を、外出的に表現する、外象性・表現教会、すなわち表象的エクレシアであったと解釈される。そしてこの外象性・表現教会すなわち表象的エクレシアの役割というのは、主イエス・キリストとして創造神であるヤーウェ神が人類を総括的に贖罪《しょくざい》するために、地上に登場するその空間を構成することであったのである。

この間のいきさつに関する記述は古く、すでにアダムの時代から記されている。

「主なる神はへびに言われた、『おまえは、このことをしたので、すべての家畜、野のすべての獣のうち、最ものろわれる。おまえは腹で、這いあるき、一生、ちりを食べるであろう。わたしは恨みをおく、おまえと女とのあいだに、おまえのすえと女のすえとの間に。彼はおまえのかしらを砕き、おまえは彼のかかとを砕くであろう』」（旧約聖書　創世記　第三章十四節から十五節）

一方では、このペリシテ人というのはもともと土着のカナン人でなく、ＢＣ十二世紀初頭小

アジア、クレタ島の方面より移住してきた民族であるということで、後代のフェニキア人とする推定もある。(3)

ともかく人類は、現在この二回の生命的下降に沿って下降線上にあり、宇宙的な本来持つべき人類の正常な基準からきわめて低い状態に存在し、宇宙銀河全文明にとっては、地球は極めつきの閉鎖惑星系として存在しているということである。

このような状態を打破すべく、外象性・表現教会、すなわち表象的エクレシアであるユダヤ教会を通じて、創造神であるヤーウェ神がいわゆる筆者が指摘する「ピノキオ変換」を通じて地上に表出したのが主イエス・キリストである。

事実、主イエス・キリストが来臨された頃には、地球人類から発する地獄性悪は、宇宙性銀河全文明に影響するまで高まり、天界の第二の天を侵すほどにも、その悪影響は天界に広がり始めたのである。天使の純粋性を確保するという意味でも、創造神ヤーウェは「ピノキオ変換」を通じてでも人類界に降り立つ必要があったのである。そして地上滞在期間のおおよそ三十年間にわたるあらゆる霊闘をもって天界の状態を常態に回復せしめて地獄を抑え込み、秩序を回復し、宇宙に広がる銀河系悪を退けてしまったのである。そして最後の試練である十字架の試練に勝利し、自己の肉体化したピノキオ的身体を神化して、もとの創造神ヤーウェとして天に回帰されたのである。

詳しい内容は、エマヌエル・スウェーデンボルグの著書「新の基督教」上巻（柳瀬芳意訳、静思社）、項目番号百十五番より百二十六番に説明されている。

かくして使徒キリスト教会時代を通じて人類は再びその生命を上方へ向けて歩み出し、イエス・キリストの命を受けて、十二使徒たちは全世界に向けて広がり、福音（原文はユーアンゲリオンευαγγελον＝大いなるニュースの意味）を伝えていくのであるが、何しろ主イエス・キリストを十字架にかけるような当時の人類の状態である。十二使徒たちとその一群の活躍は、新約聖書、使徒行伝に詳しいが、実に彼らは迫害につぐ迫害に遭遇する。

人類は、イエス・キリストを受け入れて真に天国回帰を行うならば、人類が経験していることの激しい生命の第一下降と、第二下降の強烈な影響は免れえず、内面的にはいまだ激烈な偶像礼拝の中にいるものと考えなければならない。一般に偶像礼拝には(4)、三つの普遍的な種類があるといわれる。

一、自己を求める愛から発している偶像礼拝
二、世を求める愛から発している偶像礼拝
三、快楽を求める愛から発している偶像礼拝

世界政治評論家の中丸薫先生によると、かかる人類の下降線上にいる強力な種族や、既述した黒い貴族(5)が国際金融財閥と闇の権力構造を構成し、アメリカのコアとして過去において世界を揺り動かしてきたし、これからも世界を揺り動かそうとしているということである。

第五章　アメリカ合衆国のアジアへの介入とその戦略

次にアジアに対するアメリカの戦略構想について述べてみたい。

京都大学教授の白石隆氏は、著書「海の帝国」（中公新書）において、アジアに関するアメリカの大きな戦略について概説を行っている。

この出発点は一九四九年から一九五〇年ごろ、ワシントンにおけるディーン・アチェソン、ジョージ・ケナン、ジョン・フォスター・ダレスといった人々である。彼らが提案した問題は二つあった。

一つはアジアにおいて、どうやって国際共産主義に対抗し、ソ連、中国を封じ込めるかという問題であり、二つ目は日本を経済的に復興させ、米国の同盟国として独立させると共に、日本が二度と米国の脅威にならないようにするにはどうしたらよいかという問題であった。

日本が彼らにとってこの二つの問題を解くキー・ワードであった。第一の問題はディーン・アチェソンが解決した。これは「二重の封じ込め」によって実現した。

第一に、日本から東南アジア、インドを経由してペルシャ湾まで「大きな三日月」によって、国際共産主義の脅威を封じ込める。第二は、自動車の車輪のように米国を車軸として、米日、米韓、米台、米比、米タイなどの二国間の安全保障条約、基地協定をスポークとする安全保障体制を構築し、ハワイの太平司令部指揮下の米軍の前方展開を保障する。

第二の問題は当時の国務省政策計画局長のジョージ・ケナンによって解決された。

その基本的理念とは何であるか。それは日本が政治的に独立し、経済的に復興しても、再びアメリカの脅威にならないように、日本の頚動脈に軽く手を置いて、いったん事あるときには、この手に力を込めると日本がたちまち失神してしまう、そういう仕掛けをつくっておけばよいという考え方であった。そして具体化されたことが、

（1）日本の軍事力をアジアにおける、米国主導の安全保障戦力に組み込むこと、
（2）日本のエネルギー供給を米国がコントロールすること、

であった。

それではアメリカはこれらの非公式帝国秩序を構築する構想を実際に具現化するためにはどのような方法論を展開したのであろうか。

これは次の二つのプロジェクトにとって達成したといわれる。一つは、「半主権」プロジェクトであり、二つ目は、「ヘゲモニー」プロジェクトである。

この一つ目の「半主権」プロジェクトというのは、日本の頚動脈に軽く手を置いて、いったん事あるときには、この手に力を込めると、日本がたちまち失神してしまう、そういう仕掛けのことで、具体的には日本の軍事力をアジアにおける、米国主導の安全保障戦力に組み込むことである。

二つ目の「ヘゲモニー」プロジェクトは「覇権」プロジェクトとも訳せるが、白石隆氏によると、むしろ「構造的力」プロジェクトと訳したほうがよいそうである。

これは、アメリカがアジア地域秩序に仕掛けた構造的力、あるいは場の構造で、一言でいえば、「豊かさ」の夢、そしてそれを実現する経済成長への信仰であるといえる。

この「ヘゲモニー」プロジェクトにおいて、日本における役割を白石隆氏の見解に沿って、もう少し述べると次のようになる。

(一)「経済協力」:日本政治の基本的特徴は、他国ではたびたび発生する階級対立の問題を、経済成長への国民的合意に転換する、「経済成長の政治」、「生産性の政治」にある。つまり、経済の成長によって国民の生活水準が毎年向上し、それが長期的な国民の福祉、政治の安定、社会の調和をもたらすという構図、これが基本である。したがって、これまでの日本の国益はマクロ経済的に定義され、経済成長と産業構造高度化が国策の課題であった。それで、アメリカがアジア地域秩序に仕掛けた構造的力、あるいは場の構造においては、日本としては、「経済協力」が国策の課題達成の手段であったということである。

（二）「アジアの盟主たる日本」：これは大戦前の大東亜共栄圏の建設において、アジア新秩序の構築を試みて、自らを盟主（ナンバー1）とした場合と異なり、戦後アジアの地域秩序を構成するアメリカ主導の新秩序における、ナンバー1であるアメリカのジュニア・パートナーとしてのナンバー2の位置を占める、仮想的なアジアの盟主である。いまや、日本が英米本位主義を排して、アメリカに挑戦することなどありえないという立場に立ち、ただ、アメリカの新秩序構築の戦略拠点として、アジアにおいて中心性を有するという事実である。

（三）「日米協調」：これは当然、アメリカのジュニアー・パートナーとしての位置づけからくるものである。

（a）一九六〇年後半のベトナム戦争時代の米国主導の「自由アジア」支援
（b）一九六七年から七十年までの対インドネシア援助
（c）一九七〇年代のベトナムのカンボジア進攻時のタイ援助支援
（d）一九八六年アキノ政権樹立における、対フィリピン援助
（e）一九八〇年後半における日本の総合的経済援助政策
（f）一九九〇年後半におけるアジア経済危機における日本の対応
（g）一九九一年湾岸戦争における、一三五億ドルの支援
（h）二〇〇二年のアフガニスタン支援
（i）二〇〇三年のイラク支援

かくして日本を先頭に、韓国、台湾、香港、シンガポールのＮＩＥＳが続き、その後にタイ、

マレーシア、インドネシアのＡＳＥＡＮ諸国、さらにその後に、中国、フィリピン、ベトナムが続き、いわゆる、雁行形態の地域的な経済発展によって、日本、韓国、中国、台湾、香港と東南アジアを含めた広い意味での「東アジア」が二十世紀、二十一世紀を通じる成長センターとなった。

この背景の基本にあるのは、ジョージ・ケナンが考案した日本・東南アジア・米国の三角貿易体制の構築である。すなわち、日本が「アジアの工場」＝「アジアの米国のための兵站基地」を形成し、東南アジアが大東亜戦争前の中国に代わって原料輸出を日本に提供し、その製品を東南アジア（および米国）が購入し、このシステムがうまく回転するように米国がドルを提供するという基本構想である。

ところで実は、このディーン・アチェソンもジョージ・ケナンもヨーロッパの王家や欧米の白人大富豪家系が形成するビルダーバーグ・グループのメンバーの一人で、中丸薫先生が定義する闇の権力構造の一員ということになる[1]。

第六章　世界歴史の既成的現実とカナン系人種の目標

闇の権力構造とも言える世界設定者である彼らがすでに過去において世界を揺り動かし、現在も揺り動かそうとしている問題に次のような事柄があるといわれる。

一、一九四一年十二月七日、ハワイ時間で午前七時五十三分に開始された日本海軍による真珠湾攻撃は決して奇襲でなく、作戦全体が筒抜けのアメリカのおとり作戦であったこと。(1)

二、一九一七年に起きた流血革命であるロシア革命は、本当は民衆の蜂起などではなく、周到に計画され実行に移された大量虐殺、政府転覆の犯罪である。その目的はアメリカの

連邦準備銀行設立のための、ヨーロッパ最大のロマノフ王朝財宝の略奪であり、ロシア人民の奴隷化である。(2)

三、一九四八年の、ソ連によるベルリン封鎖に始まる米ソの冷戦構造は、闇の権力、国際金融財団による仕組まれたドラマであったということである。ひとりの拳闘選手の右手と左手にグローブをはめさせ、お互いに殴り合わせたドラマが米ソの真の冷戦構造というものであった。(3) この間、「死の商人」、「軍産複合体」というアメリカの武器製造業を中心とした多国籍企業群では、莫大な利益を稼ぐことができたわけである。気の毒なことに、アメリカ国民の税金が軍備費として消し飛び、結果として「世界一の債務国アメリカ」が発生した。そしてそのとき、このゲームは終了したのである。(4)

四、ソ連崩壊は、「民衆の力」の新生ロシアの誕生によってもたらされたのではなく、架空の帝国であったソ連の存在が、米国の税金で維持されている事実を米国民が知るにいたってしまい、闇の権力者は計画を変更して、ウィーンの孤児院で生活していた、一〇歳になる怜悧なゴルバチェフを見出して育て上げ、東欧共産主義体制と共産主義ロシアを出

来るだけ静かに解体させるべく画策したということである。(5)

五、東欧の自由化は決してワレサの「連帯」や民衆の力に起因するものでない。ワレサを動かしていたのはアメリカのCIAである。(5)

六、一九一三年設立された、アメリカの中央銀行FRS(Federal Reserve System)は、一九十年七月、ジョージア州ジキル島に集まった、国際金融財閥の超富豪のファミリーで結成された銀行で、真のアメリカ合衆国の税金による政府機関ではない。すなわち、国際金融財閥による株式組織の私設銀行であって、税金によるアメリカ民衆による国家銀行ではないということ。(6)

七、彼ら国際金融財閥および闇の権力構造は世界にまたがるこの中央銀行組織を使って世界の経済、金融を思いのままに支配し、デフレもインフレも思いのままである。(7)

八、日本銀行も株式組織の五三%は日本政府が持っているが、四〇%は国際金融財閥に握られている。[8] 彼らは、極端な円安や、ドル安の状態のコントロールする力を有している。本件については、すでにドイツのエコノミスト、リチャード・A・ヴェルナーによる著「円の支配者」がある。実のところ、日銀の奥の院でなにが起こっているか、日本国民には明らかにされていない。[9]

九、第一次大戦、第二次大戦は意図的に準備され、遂行されたもので、その目的は、国際連盟や国際連合をつくるための前提であったという。つまりはじめに、国際連盟や国際連合ありきで大戦が用意されたということ。[10] 彼ら国際金融財閥の次のステップは世界統一政府である。[11]

十、日本とロシアの懸案問題である、「北方領土問題」が解決されると困るものがどうもいるらしい。「北方領土問題」が解決して、両国民の相互理解と協調が増大するのが困る人種がいるらしい。また、日本と韓国の間に「竹島」の問題を投げ込んだ人種がいるらしい。[12]

十一、特にエイズ菌は、黒人に効果的な殺人ウイルスとして、メリーランド州内にある、フォート・デトリック陸軍基地内にある細菌戦争研究所で開発されたものである。このワクチン自体にエイズ菌が混入されている(13)。

十二、ＳＡＲＳは中国とインドなど人口の多い黄色人種を狙って開発されたバイオテクノロジーの産物で、夏場は潜伏し冬場に猛威をふるうウイルスらしい(14)。現在のバイオテクノロジーによると遺伝子の塩基配列を見れば、そのウイルスが自然の変異によるものか、人工的な変異かは判明するという。ＳＡＲＳウイルスは麻疹ウイルスと耳下腺炎ウイルスから合成されたものである(15)。

十三、明治維新の影の立役者トーマス・グラヴァーは長崎在住のユダヤ人で、かなり地位の高いフリーメーソンであり、坂本竜馬に、その背景の闇の権力構造を察知され、それゆえに彼を暗殺したという(16)。トーマス・グラヴァーの友人、ユダヤ人のフルベッキを囲んだ、明治天皇をはじめ明治の志士たちの写真が残っている(17)。

十四、アラスカのガコーナにアメリカ空・陸軍が建設したハープ（ＨＡＡＲＰ）施設というのがあり、この施設は「高周波活性オーロラ調査プログラム（High-frequency Active Auroral Reseach Program）」の略称で、ここでは地球の気象をコントロールする「環境兵器」の研究開発が行われている。衛星などを使ってプレートの特定位置、活断層に向けて上空から高エネルギー化された電磁波（プラズマ）を照射することでプレートが滑り落ち、地震を活性化させ、地震を人工的に発生させることができるということである。二〇〇四年十二月二十六日に発生したスマトラ沖大地震はこの「環境兵器」が使われたのではないかという指摘がある。[18]

現在、アメリカのコアを形成する闇の権力構造が画策している、緊近の問題は地球全人類に対するマイクロチップの導入による、人類家畜化計画であるといわれる。[19]

このマイクロチップの研究は一九六〇年代に始まったが、この開発に従事していたカール・サンダース工学博士は、最初は医学用として開発に加わっていたものの、そのうちその背後にある犯罪性に気づき、突然今ではその告発者に転じて世界的にこの内部計画が公表されるいきさつに至った次第である。[20]

このマイクロチップは、現在は大きく分けて、通常のガラスケース入りのマイクロチップといわれているものと、たんぱく質から合成されたバイオチップ・インプラントというものまでいろいろとある。

通常のマイクロチップというのは、直径〇・七五ミリ、長さ七ミリの米粒大で、リチウム電池が内蔵され、体温によって再充電され、いったん移植されると、百二十年は作動するといわれる。移植は実に簡単で、皮下注射により行われる。このチップには、出生、家系、職業、所得税の記録、顔写真、指紋等膨大な個人データが記録される(21)。

バイオチップ・インプラントはフリッツ・スプリングマイヤーによると、次の六つに分類されるという(22)。

一、オーディオ・インプラント：移植者に何かの音を聞かせるもの。

二、人体操作・インプラント：何らかの方法で体を操作するために埋め込まれるもの。おそらく、ホルモンを出させるか、妊娠を防ぐとか、苦しめるとか、何かそういう目的で使われるもの。

三、ビジュアル・ホログラフィック・インプラント：人にホログラフィックなイメージを与えるもの。

四、脳連結・インプラント：直接何かを送りたいときに使われる。マインド・コントロールされる奴隷全部に一律に適用される。すでに、このインプラントを受け取っている秘密のグループがある。ある選ばれたグループにわたっている。

五、拷問・筋肉刺激インプラント：移植者に拷問・筋肉刺激を与えるもの。

六、トラッキング・IDインプラント：全地球位置把握システム（GPS）で、展開中のアメリカの兵士の追跡に使われている。

小渕恵三首相のとき「住民基本台帳法」が改正され、すでに「国民総番号制」が施行されているが、これはすでにこの全人類のマイクロチップ化の前提ですでに動いているといわなければならない。すでに、われわれはその現実の波打ち際に立っているわけである。[23]

しかしすでに、拙著「日本人は神を発見できるか」で説明したように[24]、人間の各個人には少なくとも、火焔性の天使一人と光輝性の天使一人が常駐しているもので、その人の日常のあらゆるプライバシーは二人の天使を通じて天には筒抜けであるとみるべきである。(25) プライバシーどころか、あらゆる想念が天には筒抜けであるとみるべきである。もちろん、霊的平衡を形成するために、悪魔と悪鬼がぶら下がってはいるが……。

そしてこの日常のあらゆる瞬間、出来事は巻物となって各個人毎に蓄えられている。そして死後確実にこの巻物は開かれて各人の前に展開されていくのである。この巻物のことを、インド教ではアーカシック・レコードと称してその伝統が残っている。事実、アメリカの医学界で検証された臨死体験のデータによると、多数の人がこのアーカシック・レコードを体験しているそうである。詳しくは、立花隆著「臨死体験」(文藝春秋)に記述がある。

新約聖書、黙示録には次のような記事がある。

「また、死んでいた者が、大いなる者も小さき者も共に、御座の前に立っているのが見えた。かずかずの書物が開かれたが、もう一つの書物が開かれた。これはいのちの書であった。死人はそのしわざに応じ、この書物に書かれていることにしたがって、さばかれた。

海はその中にいる死人を出し、死も黄泉もその中にいる死人を出し、そして、おのおのそのしわざに応じて、さばきを受けた。それから、死も黄泉も火の池に投げ込まれた。この火の池が第二の死である。このいのちの書に名がしるされていない者はみな、火の池に投げ込まれた」（新約聖書　黙示録　第二十章十二節から十五節）

この書物というのは、インド教でいうアーカシック・レコードのことである。わが宗教上の師、手島郁郎先生も、かかる黙示の世界に入れられたとき、この自分の巻物の書物をみせられ、天使たちに開いて見せてもらったそうである。

われわれ生まれたときから、心霊体の内部にかかるメモリー用ハードディスクが埋め込まれているとみるべきである。これはもちろん人間が天使になるための死を超克した生命的メモリー・ハードディスクである。これに加えて闇の権力構造群は、恐れ多くも人間の立場で、これに対抗するがごとく、新たなるメモリーを導入しようとしているわけである。果たして天はこれに黙しているだろうか。

世界政治評論家の中丸薫先生の指摘によると、闇の権力構造はこの地球全人類的なマイクロチップの導入を、食料との交換関係で、世界的に行おうと戦略的準備しているということである。

したがって、彼ら闇の権力構造は現在せっせと全世界の食料を彼らの支配下におさめようと熱中している。

しかし、国際自然医学会の会長で、血液生理学者、お茶の水クリニックの森下敬一博士は、その著に「公害列島生き残り作戦」というのがあり、森下敬一博士は日本人がもし玄米に徹しきるならば現有日本国土の耕作面積で現人口一〇〇％の自給率の可能性があると、指摘している。それで、日本人全体が一致団結して、これに「NO！」と言うならば、現在の食料自給率がたとえ四〇％でも、この地球全人類的なマイクロチップ化を拒否できるであろう。

彼ら闇の権力構造が現在計画していることは、世界統一政府の樹立であり、地球全人類に対するマイクロチップの導入による人類家畜化計画である。(26) これに加えて、世界人口の大量削減を企てているという。(27)

まさに恐るべき世界戦略である。必ずや、テロの増発、民族間闘争の激化、ウイルス性菌の散布等、さまざまなことを、ひそかに計画していくであろう。[28] ちなみに、闇の権力構造の親玉格である、ロスチャイルド家はアメリカ合衆国全資産の大略二倍の資産を有し、[29] ロックフェラー家の資産は約一千五百兆円であるという。[30]

しかし彼らが今恐れている問題がいくつかあるという。その一つが氷河期の接近である。これは地軸の傾きや、軌道の離心率が周期的に変動することによるもので、ミシューリーン・ミランコヴィッチ（一八七九年〜一九五四年）によって発見された。その周期は四・一万年で、この結果、地球は再び氷河期の接近しているという事実である。

もちろんこの現象は、技術的な地球温暖化現象により相殺されているところがあるけれども、闇の権力構造はこの情報を必死になって隠そうとしているということである。理由は、氷河期接近のニュースは、各民族国家の結束を固め、彼らの画策する世界統一国家の構想がオシャカになるためである。[31]

二つ目は、地球外生命体の存在、しかも高度な科学技術を持つ文明の存在に対する問題である。米国のＮＡＳＡは完全に、闇の権力構造の支配下にあり、膨大な費用をかけて獲得した知識や情報を独占し、ほんの一部、差しさわりのない部分のみを公表するのがＮＡＳＡの伝統である[32]。もちろん高度な科学技術を持つ文明の存在が存在すれば、彼らの権威はガラクタになるし、世界統一国家の構想なども遠い夢に終わってしまう。彼らにとっては、これらの情報は決して公開してはならないものなのである。

三つ目が、フォトン・ベルトへの突入という天文学的事件である。このフォトン・ベルトというのは一種の電磁波超密地帯（フォトン）で、一九六一年、天文学者、ポール・オットー・ヘッセが人工衛星を使って、プレアデス星団を調査しているときにたまたま発見したものである。太陽系は、二万四千年から二万六千年かけて銀河の軌道を一周しており、その度に、厚さ一千兆キロのフォトン・ベルトを通過し、その通過期間は二千年を要するといわれる。

このフォトン・ベルトの通過時には、地球の磁場に対する影響が懸念されており、人体的にも倦怠感や不定愁訴症候群等を及ぼす可能性があると考えられている。また何よりも気になるのが、現在既設の原子力発電所内の原子炉が非制動的に臨界点を超えて暴走するのではないかという懸念である。

実は、一九九六年一二月、ハッブル宇宙望遠鏡の打ち上げのもともとの構築根拠は、このフォトン・ベルトを観察するのが目的だったらしく、これによりこのフォトン・ベルトの撮影に成功している。米国はすでに、コロラド州山中の、ＮＯＲＡＤ（北米航空宇宙防衛司令部）の総司令部内に、秘密裏のフォトン・ベルトの対策本部を設置しているということである。(33)

以上、これが日米同盟でコアの部分を占めている闇の権力構造、ある意味での世界設定者フリーメーソン米国の真の姿であるということである。われわれ日本国家として、闇の権力構造である彼らを相手にしながら、しかもアメリカ大衆を構成する、一六二〇年コッド岬に上陸したメイフラワー号の清教徒ピルグリム＝ファーザーズに代表される、よきアメリカ人の一般大衆と仲良くしながら、国益を守りつつどのように外交を展開すればよいのであろうか。

第七章　日本国家の外交的使命

このように考察してきて、この恐るべき闇の権力構造、ある意味での世界設定者に抵抗して、真に日本国家の国益を守る上でどのように外交を行うべきかの戦略を展開するとき、日本民族はどうしても、瞑想と民族の魂を通しての聖書の読み込みにより、武士道的キリスト教を確立することが必要であると思われる。

前著「日本人は神を発見できるか」で詳細に説明した(1)ように、人間一人ひとりに天使が二人、すなわち火炎性の天使と光輝性の天使がそれぞれ一名、守護天使として各個人に派遣されている。もちろん、霊的平衡を保つため、これに悪魔（Diaboli　ili）と悪鬼（Satanae　ili）がぶら下がっているが……。

今現在の世界人口を六十五億人とすると、その人口の倍、つまり百三十億の天使群が地球上に常駐していることになる。一人の天使は優に千の悪魔と悪鬼を排除できる能力を持っているといわれるから、天使百三十億で十三兆の悪魔と悪鬼に打ち勝つことが可能となるのである。

しかし天使たちは、本書二二四頁、二二五頁に説明するように、我々地球人と違って「隣人に対する愛（Amor Erga Proximum）」と「神に対する愛（Amor in Dominum）」、また、キリスト教学的にいえば「聖霊の愛」という、異なる生命に生かされているから、彼らと連携を組むには、どうしても宇宙的キリスト教ともいうべき、武士道的キリスト教を確立し、我々の生命状態を、彼らと同じレベルの生命状態に変貌させる必要がある。

かくしてはじめて、この複雑な二重構造を持つアメリカに対して、真の外交を展開可能な土台が出来ることになる。

事実、主イエス・キリストにより、現在、新しい天界が形成されつつある。(2)それと共に、それに呼応して、新しい教会、すなわちエクレシアが地上に建設されつつある。エマヌエル・スウェーデンボルグによると、それは今までに教会が存在していなかった場所に建設されるであろうという予言がある。それはヨーロッパではない。アメリカ合衆国ではない。南北アメリカではない。したがって東洋かアフリカでしかない。

筆者の考えでは、それは日本こそ、そうではないかと推定するものである。理由としてはいろいろ考えられるが、主として次のような事柄があげられる。

（一）歴史的に、今まで三回、東方キリスト教界（景教）、西方キリスト教会（カトリック）、プロテスタントと三度日本に押し寄せてきたが、日本民族は三回ともそれを拒否してしまった。その理由は、押し寄せてきた三回のキリスト教すべてが、すでに拙著「日本人は神を発見できるか（第三章）」で説明したように、「ローマ化」という第一屈折、「ゲルマン化」という第二屈折を経た、偽性キリスト教であり、初代使徒キリスト教とは著しく異なるもので、日本民族特有の宗教的特性から、その真贋性を判別して拒否した。

（二）明治初期、内村鑑三の死に物狂いの霊闘により、欧米の偽性キリスト教を貫徹して初代使徒キリスト教平面に到達し、武士道的キリスト教を確立した。そして、その霊統のなかから、わが宗教上の師、手島郁郎先生の指導の下に、昭和二三年の夏、九州の尾根、阿蘇山の麓、垂玉温泉において、一九九九年九月三十日、茨城県東海村、核燃料加工会社ＪＣＯ東海事業所の転換試験棟において、ウラン溶液製造操作ミスでウラン元素が臨界状態を超えて接近し、核分裂連鎖反応による青い光(3)が、炎を上げて燃え上がったように、遠く二〇〇〇年のかなた、使徒時代の原始福音の平原に燃え上がったあの使徒行伝二章二――四節に在る、「聖霊の火」が時間空間を越えて同じく燃え上がったのである。

「五旬節の日がきて、みんなの者が一緒に集まっていると、突然、激しい風が吹いてきたような音が天から起ってきて、一同がすわっていた家いっぱいに響きわたった。また、舌のようなものが、炎のように分かれて現れ一人ひとりの上にとどまった。すると、一同は聖霊に満たされ、御霊が語らせるままに、いろいろの他国の言葉で語り出した」（新約聖書　使徒行伝　第二章一節から四節）

筆者も「聖霊の火」を同じ場所で体験した一人で、その体験をまとめたものを本書の第四部に「クンダリーニーの発現」と題して掲載してある。この運動は、「原始福音運動」として、現在も手島郁郎先生の弟子達により継続されている。

（三）内村鑑三の著作の中に「初夢」と題する一文があり、それによると将来日本のありうべき姿が神の黙示として彼に啓示されている。

「恩恵の露、富士山頂に降り、滴りて其麓を霑《うるお》し、溢れて東西の二流となり、其西なる者は海を渡り、崑崙山を浸《ひた》し、天山、ヒマラヤの麓に灌漑《みづそそ》ぎ、ユダの荒野に到りて尽きぬ、其東なる者は大洋を横断し、ロッキーの麓に金像崇拝の火を滅し、ミシシピ、ハドソンの岸に神の聖殿を潔め、大西洋の水に合して消えぬ、アルプスの嶺はこれを見て曙《あけぼの》の星と共に声を放ちて謡い、サハラの沙漠は喜びて蕃紅《さふらん》の花のごとくに咲き、斯くて水の大洋を覆うがごとくヱホバを知るの知識全地に満ち、此国の王国は化してキリストの王国となれり。我れ睡眠より覚め独り大声に呼はりて曰く、アーメン、然かあれ、聖旨《みこころ》の天に成るごとく地にも成らせ給へと。（『聖書之研究』第八十三号）」

（四）現今、主要国首脳会議G8に参加している先進諸国八カ国中、キリスト教国でもなく、しかも東洋地域地帯から唯一参加しているのは日本のみである。しかも最初からのメンバーである。イギリスの歴史学の大家アーノルド・トインビーは新しい文明が、西洋と東洋の接触点において発生する可能性を指摘している。

（五）第二次大戦中における英霊の存在である。片道のみの燃料を積んだ特別攻撃隊の存在である。彼らは祖国愛のために、その短い青春を捧げた。彼らはおおむね青春であった。そのとき、創造神の神は彼らをどのように見つめられたのであろうか。祖国のために、祖国愛のためにその短い生命をかけた彼ら。もし彼らが、彼ら人類のために、真に命を賭けたまことの神を知るならば、なお以上に、神を熱愛しないだろうか。宇宙を創造せし神を愛さないだろうか。

「殉愛の民、日本民族よ、良いかな日本民族よ、」そのように思われなっかたであろうか。

ここで誤解のないように言っておかねばならない。筆者は軍国主義を賛美しているのではない。彼ら祖国愛に捧げられた死を賭しての純愛が、生ける神に対して捧げられるようになった場合、日本民族は再び世界歴史を揺るがすような民族になることをいっている。大戦後の日本の経済復興も、彼らの霊域からのとりなしとも考えられるのである。為政者にして、靖国神社に詣でるのは必須の条件である。しかもそれはなるべく八月十五日がよい。それはその日が「空間」と「時間」とのT字型クロス点であるからである。

世界は宗教的に現在第三次後退期にあるが、新約聖書では新宗教が、宇宙創造神、ヤーウェ神により新しく確立する前に、累積された基本的な悪が、完全に地上より淘汰されることを予言している。

「この後、わたしは、もうひとりの御使が、大いなる権威を持って、天から降りてくるのを見た。地は彼の栄光によって明るくされた。

彼は力強い声で叫んで言った、『倒れた、大いなるバビロンは倒れた。そして、それは悪魔の住む所、あらゆる汚れた霊の巣くつ、また、あらゆる汚れた憎むべき鳥の巣くつとなった。すべての国民は、彼女の姦淫に対する激しい怒りのぶどう酒を飲み、地の王たちは彼女と姦淫を行い、地上の商人たちは、彼女の極度のぜいたくによって富を得たからである』。」

（新約聖書　黙示録　第十八章一節から三節）

今アメリカに巣食う闇の権力構造こそまさにこれに近い。実はこの闇の権力構造は単に地球上の現象のみでなく、宇宙性のさらに深い「地獄性」を持っていて、宇宙次元の魔界と深部の連携にあるという。すなわち真のテロリズムは異次元的に発生しているということである。詳細はオスカー・マゴッチ著になる、「わが深宇宙探訪記」中──バズ・アンドリュウス物語──（関英男監修、石井弘幸訳　加速学園刊）の百十六～百二十三頁を参照されたい。

とにかく、人間業では勝てる相手ではないが、日本民族が真の武士道的キリスト教を確立するとき、われわれは再び、勝負を挑むことができる。宇宙性キリスト教の確立である。

そこに立脚したとき、アメリカと真の外交を展開できるであろう。

第三部　防衛の構築

第一章　防衛の基本構想

防衛の基本構想についてはすでに数多くの貴重な文献が専門家により出版されており、また国家的にはすでに防衛庁も存在し、防衛大学も存在するわけであるが、ここで改めて防衛の基本構想に関する筆者の見解をまとめておきたい。

国家の防衛の基本構想について語る場合に、まず出発点として重要な問題提起は旧約聖書、創世記第三章二十二節から二十四節に描かれる、エデンの園における喪失の物語から出発する。その部分を引用すると左記のようになる。

「主なる神は言われた、『見よ、人はわれわれのひとりのようになり、善悪を知るものとなった。彼は手を伸べ、命の木からも取って食べ、永久に生きるかもしれない』。そこで主なる神は彼をエデンの園から追い出して、人が造られたその土を耕させられた。神は人を追い出し、エデンの園の東に、ケルビムと、回る炎のつるぎとを置いて、命の木の道を守らせられた」

ここに、これ以降人類が、神からは隔絶し、人間が独力で生を営まなければならない状況が発生したことを示唆するものとして見ることができる。

残念ながら、この時点以来、われわれ人類は今まで居住していた「エデンの園」から離脱し、エデンの園の東に、ケルビムと、回る炎のつるぎが設置され、今まで享受してきた永遠の生命ともいうべき「超越的生命」の生活から離れ、乏しい地上の生活を営まなければならなくなったのである。

ここでいうケルビムとはキリスト教学上の師、手島郁郎先生によると、「四翼の天使」と解釈されおり、回る炎のつるぎは、われわれが取り持つ我執に基づく欲念を意味している。「四翼の天使」とは、これまでわれわれが宇宙的文明を保持していたとき、われわれと共に宇宙的文明を維持してくれた協力者であったわけある。すなわち、このときに至るまでは、われわれ人間は、宇宙性古代エクレシアともういわれる世界に属しており、永遠の生命を享受していた人類であったのである。

神々の神界である天界とも、コンピューターLAN構造での接続構築を保有する世界であった。銀河系の旅も自由に行われていたのである。当時は世界の言語も銀河系に広がる共通の単一言語で、各民族とも互いに言語学的困難は少しも感じていなかったのである。

「全地は同じ発音、同じ言葉であった。(旧約聖書、創世記第十一章一節)」とある。しかしこの単一言語の民族もやがて多くの言語に別れ、世界に散らされるときがくるのである。

「時に人々は東に移り、シナルの地に平野を得て、そこに住んだ。彼らは互に言った、「さあ、れんがを造って、よく焼こう」。こうして彼らは石の代わりに、れんがを得、しっくいの代わりに、アスファルトを得た。

彼らはまた言った、「さあ、町と塔とを建てて、その頂を天に届かせよう。そしてわれわれは名を上げて、全地のおもてに散るのを免れよう」。時に主は下って、人の子たちの建てる町と塔とを見て言われた、「民は一つで、みな同じ言葉である。彼らはすでにこの事をしはじめた。彼らがしようとする事は、もはや何事もとどめ得ないであろう。さあ、われわれは下って行って、そこで彼らの言葉を乱し、互に言葉が通じないようにしよう」。

こうして主が彼らをそこから全地のおもてに散らされたので、彼らは町を建てるのをやめた。これによってその町の名はバベルと呼ばれた。主がそこで全地の言葉を乱されたからである。主はそこから彼らを全地のおもてに散らされた。（旧約聖書、創世記第十一章二節十九節）

この間のいきさつをもう少し、ジョージ・アダムスキー著の「宇宙からの訪問者」所載の記事によって補足的に説明すると次のようになる。

「大体人間というものは、万物と調和して平和に暮らすことを好むものですが、あちこちで少数の人が、個人的なエゴと侵略思想を持って成長しますし、貪欲になって、他人に権力を振るっています。このことは、人間は創造主の法則に従って生きねばならぬ、という教えがあるにもかかわらず、私たちの惑星でも起こる可能性があります。

このような態度が、悪に至ることを私たちは知っているのですが、宇宙の法則に従っている私たちは、ここの兄弟たちを束縛することはできないのです。それで大昔、多くの惑星の賢者たちの会合で、このような利己主義者を生存可能な新しい惑星へ送るように決めました。多数の太陽系中の最低段階の惑星がこうした罪人の追放場所として選ばれたのです。

そこで、今述べたような理由から、この太陽系の内外の多くの惑星から来た、この始末に終えぬものたちの新しい住家として、太陽系内の地球が選ばれました。この罪人たちは、地球の、いわゆる厄介者でした。私たちは彼らを殺すことも監禁することもできませんでした。というのは、宇宙の法則に反するからです。しかし彼ら追放者はすべて、同じごう慢な性質の者ばかりでしたから、だれも他人に譲歩しないと思われるので、結局は、自分自身の調和を完成せざるをえなくなるでしょう。これが地球の元の〝十二の部族〟の真の源泉です。

この人たちを地球へ連れてきてから、長い間、多くの惑星の人々がしばしば彼らを訪れて、許す限りの援助と指導を与えようとしました。しかし彼らは高慢で反抗的な連中で、私たちが差し出した援助を受け入れようとはしなかったのです。それでも最初の衝突の後、長い間、彼らは互いに何とかうまく生きることができました。その当時の地球は確かに〝エデンの園〟でした。すべてが豊かで、食物や生活の必要品にも恵まれて、自然は豊かであったからです」。「新世界の歓喜の中にあって、この新来者たちは互いに平和と幸福の中に住み始めましたが、これは他の惑星群の喜びでもあったわけです。ところが聖書に述べてあるように、人間は〝善悪の知識〟の木の実を食べたのです。それまでは存在しなかった分裂が起こってきて、貪欲と所有欲が再び人間の間にはびこり、彼らは互いに敵対し合うようになったのです」。

いつしか地球は、宇宙文明の中にあって閉ざされた「禁断の惑星（Forbidden Planet）」となっていたのである。アービング・ブロックとアレン・アドラーのSF小説ではないが、まことに地球は「禁断の惑星（Forbidden Planet）」そのものなのである。

このような禁断の惑星においては、一民族が生存を続けていくためにはどうしても防衛が重要な課題となって浮上することになる。一般に人間を構成するものに四つの愛があるとされる。

一、第一は、自己に対する愛（Amor Sui）である。これはデンマークの哲学者キエルケゴールの著「死に至る病」の主要テーマである。精神の機構上、自己たろうとするが、それがかえって「罪」を形成するというパラドキシカルな問いである。
二、第二は、この世に対する愛（Amor Mundi）である。地位、名誉、名声、等を探求する愛である。
三、第三は隣人に対する愛（Amor Erga Proximum）である。主イエスキリストが最も重要な戒めとして第二にあげたもので、詳しく述べると、「自分を愛するようにあなたの隣人を愛せよ」となる。
四、第四は神に対する愛（Amor in Dominum）である。主イエスキリストが新約聖書マタイ伝第二十二章三十七節から四十節にかけて律法の中で最も重要な戒めとして第一にあげたものである。律法全体と預言者とがこれにかかっているというその一つである。

そしてこの四種の愛の間には自由意志という平衡関係が存在しており、人間の中では、この自由意志という霊的平衡が成立する為に、上記の四つの間に戦いが継続していると考えるべきである。事実、この戦いは常に存在していて、霊域でもこの戦いは常に存在しており、天使と悪魔の間に壮烈な戦いが繰り広げられているとする。人間はただ霊的無知のゆえに、知らないままなのである。それでこの間の事情のため、聖書ではたびたび創造神は「万軍のエホバ」と呼ばれている。

したがって、天界の防衛のために天界にも軍隊が存在する。主イエス・キリストも、受難の直前、弟子ユダの謀略によってローマ軍団の一部隊が近づいて捕縛されようとしたとき、次のように記されている。

「すると、イエスと一緒にいた者のひとり（ペテロ）が、手を伸ばして剣を抜き、そして大祭司の僕に切りかかつて、その片耳を切り落した。そこで、イエスは彼（ペテロ）に言われた、「あなたの剣をもとの所におさめなさい。剣をとる者はみな、剣で滅びる。それとも、わたしが父に願って、天の使たちを十二軍団以上も、今つかわしていただくことができないと、あなたは思うのか。（新約聖書、マタイ伝　第二十六章　五十一節百五十三節）」

と言われている。もし主イエス・キリストがこの時、天の使たち十二軍団以上を呼び下ろしておれば、ローマ軍団の一部隊など瞬時に消滅したであろう。

事実、他の状況では、イザヤ書第三十七章三六節（列王記下第十九章三五節）によると、イスラエルの王、ヒゼキヤ王の第十四年（BC七〇一年）に、アッスリヤの王セナケリブが上っ

てきてユダのすべての堅固な町々を攻め取ったときに、

「主の使が出て、アッスリヤびとの陣営で十八万五千人を撃ち殺した。人々が朝早く起きてみると、彼らは皆死体となっていた」とある。

十八万五千人の死傷者といえば、現在の戦場においても大激戦地の戦闘の規模の一つである。まさに天使の戦力たるやいかに恐るべきか理解できる。

また、旧約聖書、列王記下　第五章十五節から十八節にはイスラエルの王ヨラムの治世（BC八五四年～八五三年）に隣国スリヤ王（シリヤ王）が大軍をもって押し寄せてきたときの、当時のイスラエルの預言者エリシャによる獅子奮迅の戦いが記されている。

「神の人（エリシャ）の召使が朝早く起きて出て見ると、軍勢が馬と戦車をもって町を囲んでいたので、その若者はエリシャに言った、

「ああ、わが主よ、わたしたちはどうしましょうか」。

エリシャは言った、

「恐れることはない。われわれと共にいる者は彼らと共にいる者よりも多いのだから」。

そしてエリシャが祈って
「主よ、どうぞ、彼の目を開いて見させてください」

というと、主はその若者の目を開かれたので彼が見ると、火の馬と火の戦車が山に満ちてエリシャのまわりにあった。

スリヤびとがエリシャのところに下ってきた時、エリシャは主に祈って言った、

「どうぞ、この人々の目をくらましてください」。

すると、エリシャの言葉のとおりに彼らの目をくらまされた。」


火の馬と火の戦車というから、いかにすばらしい軍隊の構成であるか分かるであろう。この記述から分かるように天界にも軍隊は存在するのである。

もちろん天界の軍隊は地上の軍隊のように殺りくを行うための軍隊でない。悪と戦う象徴的な意味を持つ軍隊であるが、しかし地上に投影されて実行されると、そのような歴史的実効性を持つ形となるのである。

ところでここに、宇宙性古代エクレシアともいえる古代社会における人類の変遷についてさらに文献にもとづく補足的説明を追加すると、

「年月が流れ人口が増加するにしたがって、この元種族の中からうぬぼれた人間たちが立ち上がって、数種族に分裂し始めました。この人間たちのいずれもが、他のだれよりもはるかに進歩した惑星から来たのだ、と称し、その資格により支配権が与えられているのだ、と言って、全人類の支配権を要求したのです。私たちは、常に彼らを同胞愛に目覚めさせようと願いながら、この迷える兄弟たちを訪問し続けました。しかし自称支配者たちは益々強力になり、私たちの努力はむなしくなったのです。分裂は続き、増大し、ついに今日いわゆる〝国家群〟の発生となったわけです。国家群の成立はさらに同胞を分裂させ、全人類はもはや創造主の法則通りに生きなくなりました。」

人間が絶えず生存していくためには、前述した四種の愛が一つの霊的平衡状態を形作り、自由意志を構成していることが生存のための絶対条件であるあることが基本的に重要である。これが聖書の説く創造原理である。

もしこの自由意志が崩壊する事態が発生すると、人間としての生活が創造原理の観点から不可能になる。これは民族の単位で考えてもしかりである。特に、民主主義的な政治体制においては、個々の自由意志が尊重されており、政治にも反映される。ところがこの自由意志が束縛され、拘束される、全体主義あるいは社会主義、共産主義、独裁主義においては、最初はいかにもよさそうに見えても、たちどころに大きな困難にさしかかってくることは、われわれの歴史が証明するところである。

個人同様、民族単位においても人間の自由意志は上記の霊的平衡の上に厳格に成立していることを理解しなければならない。もしこの平衡を崩すような事態が起こると、個人および民族単位において、直ちに生存の危機が訪れるということである。

このことが、国際間の一つの緊張状態の原因にもなり、民族自決の一大根拠ともなっている。

しかし上記の平衡関係が何らかの理由によって、崩される事態が発生すると大変である。現在の世界は、以上述べたような歴史的背景の下に、人類の個々は第一種の愛と第二種の愛に多く支配される傾向にある。すなわち、「自己に対する愛」と「この世に対する愛」に圧倒的に支配されている。そしてこれは、歴史的な経過の中にあって、すでに遺伝的特性となっているということである。

したがって各民族共にこの愛に濃厚に支配され始めると、この愛の特性である「悪魔性」と「悪鬼性」が著しく露出し、他民族を滅ぼしても自分達がそれに代わって生存してやろうという、恐るべき野望と変化する。

ここに必然的に、民族の防衛、国家の防衛ということが必要になってくる。これは人間のあり方からいって当然のことである。これが普通の国家の当然のあり方というものである。当然ながら天国においても、この平衡のゆえにこの平衡を破る、「悪魔」と「悪鬼」に抵抗するため軍隊が存在する。すなわち、主イエス・キリストが、受難の直前において、弟子ユダの謀略によってローマ軍団の一部隊が近づいたとき指摘したように、「天の使たちの十二軍団以上」が存在するのである。

これは、イスラエルの王ヨラムの治世（ＢＣ八五四年〜八五三年）に隣国スリヤ王（シリヤ王）が大軍をもって押し寄せてきたとき、預言者エリシャがその召使に瞥見せしめた「山に満ちていた火の馬と火の戦車」がそれと同質のものである。

キリスト教学上の師、手島郁郎先生がその生存中、天界の黙示の中に引き上げられ、天使と悪鬼の凄まじい戦闘を目撃したことがあり、その体験を「天使も傷つく」と題して主筆の「生命の光誌」に発表されたことがある。

最近（一九九一年）発行されたオスカー・マゴッチの著になる「わが深宇宙探訪記」（上）（中）（下）（加速学園出版部、石井弘幸・訳、関英男・監修）によると、銀河系規模でのこの天使的種族と悪魔性種族との闘争が記されている。そしてこのときには当然ながら銀河系規模での大移動が開始されるのである。

また、有名な精神分析の心理学者C.G.Yung著の〝Flying Saucers〟に引用されている、米国、カルフォルニア生まれのアンジェルッチ・オーフェイオ・マシュー著の「円盤の秘密」（「The Secret of the Saucers」）をひも解くと、すでに引用したように地球文明の背景にかつてわれわれの太陽系内に存在していたルシファー星の物語が述べられている。このルシファー星はすでに説明したように現在、小惑星として、主として火星と木星の間に分布している位置に一個の惑星として太陽系の構成一員として存在していた。しかも、このルシファー星はこの太陽系の中では最も霊的に進化した輝に満ちた星であったといわれている。

このルシファー星の物語はパレスチナ生まれで言語学者、兼考古学者であるゼカリア・シッチンの世界的なベストセラー「地球年代記〈The Earth Chronicles〉」全五巻にも記述されている。もっとも、この「地球年代記」の中で取り扱われるネピリムはもちろん堕落した最後の人類であるかのネピリムでなく、アダムを頂点とする宇宙性古代エクレシア、つまり神界とも交流を持っていた宇宙文明期のことを示している。

しかし彼らルシファー人は、その太陽系随一の霊的な高みの輝きにあって、高慢に捕らえられたとある。ついに武器をとってお互いに戦うようになり、真性水素爆弾（つまり現在の重水素〈Deuterium〉を使った水爆でなく、純正水素〈Hydrogen〉を使った水爆）を開発し、星系に含む水と連鎖反応を引き起こし、太陽系の中では最も進化し、霊的に輝いていたといわれる星、ルシファー星を小惑星として細かく裁断してしまったのである。その残骸が現在天体望遠鏡で観測される火星と木星の間を巡る小惑星群である。

ところで、その住民たちはいったいどこに行ったのであろうか。ここで思い出されてくるのはジョージ・アダムスキーに語った次の宇宙人の言葉である。

「大体人間というものは、万物と調和して平和に暮らすことを好むものですが、あちこちで少数の人が個人的なエゴと侵略思想をもって成長しますし、貪欲になって他人に権力を振るっています。このことは、人間は創造主の法則に従って生きねばならぬ、という教えがあるにもかかわらず、私たちの惑星でも起こる可能性があります。

このような態度が、悪に至ることを私たちは知っているのですが、宇宙の法則に従っている私たちは、ここの兄弟たちを束縛することはできないのです。それで大昔、多くの惑星の賢者たちの会合で、このような利己主義者を、生存可能な新しい惑星へ送るようにきめました。多数の太陽系中の最低段階の惑星が、こうした罪人の追放場所として選ばれたのです。そこで、今述べたような理由から、この太陽系の内外の多くの惑星から来た、この始末に終えぬものたちの、新しい住家として太陽系内の地球が選ばれました。」

この高慢に陥り最高に霊化したはずの星を、真性水素爆弾で小惑星群に分解してしまった宇宙的犯罪者のすみかとして選ばれたのが、この地球であったのである。この〝堕落天使〟こそ十七世紀の英国の詩人、ジョン・ミルトンの「失楽園」に描かれるかのルシファー（人）である。ゼカリア・シッチンの「地球年代記」によると、このルシファー星の直径は地球よりも相当大きく、人口も相当に多かったと考えられている。

彼らは大挙して地球に転送され、彼らは広く地球に広がったのである。著者アンジェルッチ・オーフェイオ・マシュー自身も、この物語の中で、かつて「ネプチューン」という名前で呼ばれて、ルシファー人として、ルシファー星に生存して活躍していたことが確認されるのである。

第二章　中国民族の歴史的性格の推定

ところで、このルシファー的人口の集約されている世界的にどこらあたりの地域であろうか。ご承知のように地球の世界の人口で集密度が高く大人口を占めるのは中国とインドである。インドは瞑想の国で、インド教を中心とする宗教性の強い国として知られている。

ところで中国はどうであろうか。もし当時、世界的に均等にルシファー人が分布したとするならば、人口が最も多い中国にルシファー人的特性は集中しているのではないか。

まず指摘したいのは、筆者がコーカサス山脈地域で仕事をしていたときに、たまたま出会ったグルジア人とのことについては、前著でも述べたことである。それは、一九五二年十二月十三日、パロマー・ガーデンズへ飛来した金星の宇宙機からジョージ・アダムスキーへ投下されたフィルムの映像上に描かれた文字について の考察に関連して、このとき、ふと耳にしたグルジア語の発音が、図らずもジョージ・アダムスキーが最初に宇宙人と出遭ったとき、宇宙人との会話の中でアダムスキーが感じた印象によく似ていたという事実である。その文中でアダムスキーは、それは「かつて地球上で話された古代語の一つであったと思われるような言語と、中国語との混合のように響いた」と述べている。

筆者がグルジア語の発音の発音を最初に聞いた印象がまさしくそのようであった。これは言語学の大家が言語学調査すれば、さらに確実なことが判明されることであろう。ともかく、古く伝えられた伝統によると、グルジア国は古代シュメール国家の末裔だということである。

このことから、中国語の発音の基本的性格が本来的に古代シュメール国家から来ているのではないかという類推が成立する。もし古代シュメール国家の成立のいきさつが、上記に説明するルシファー星の崩壊と関係しているとすればどうであろうか。中国に大挙として降下したルシファー人が居住したという推定にならないだろうか。

第二の問題が漢字の存在である。甲骨金文学の大家、白川静博士によると、漢字の発生が多く、古代の礼拝と関連して発展しているという事実である。降下したルシファー人は降下したとはいえ、降下した以前に有していた、宇宙性礼拝の残影を多く保有していたのではないか。

第三の問題は、宮城谷昌光氏の文学にあるように、常に祭祀を中心とした政治体系を有していたということである。これも輝くようなルシファー人時代の残遺ではないのか。

第四の問題としては、運命学の存在である。このような運命学は通常の人間の頭脳からは発生したとはとても考えられない。考えるに、この運命学という知識は太陽系に輝けるルシファー人時代の降下性遺物ではないだろうか。

第五としては、中国特有の中華思想の存在である。周辺の諸民族を属領とみる独特な思想、かかる思想衝動は、ごう慢なるがゆえに一惑星を破壊して転落したルシファー人の強力な偏向性思想傾向ではないのか。

このように考えると、日本に隣接する民族がどのような歴史的偏向性を持つ性格の民族かが理解できるであろう。とにもかくにも、中国の歴史を研究した専門家は等しく、最終的には「結局、分からない」とその感想述べるそうである。さもありなんか。中国の歴史には一惑星系を超えた消息が潜んでいるのである。

ところで転落したルシファー人の聖書的内容はいかなるものであろうか。これはすでに引用したように、旧約聖書イザヤ書十四章、十二節から二十一節に述べられている(1)。それを一部ここに引用すると、

「黎明（ルシファー）の子、明けの明星よ、
あなたは天から落ちてしまった。
もろもろの国を倒した者よ、あなたは切られて地に倒されてしまった。
あんたはさきに心のうちにいった、
『わたしは天にのぼり、
わたしの王座を高く神の星の上におき、
北の果なる集会の山に座し、

雲のいただきにのぼり
いと高き者のようになろう』
しかしあなたは陰府に落とされ、
穴の奥底に入れられる」

以上、考察したように、われわれ日本国家は、東京外国語大学名誉教授の岡田英博氏の著にいみじくも表現されているように、「この厄介な国、中国」を隣国として持っているという事実である。

もちろん、ルシファー人の物語は日本にも同様に発生していることは否定できないであろう。しかし歴史をひも解いてみると、一万年にわたる長い縄文時代、日本という列島ではこれという戦争はなく平和な暮らしが続いたという。人口は数万人から数十万人程度であったのであろうか。二〇〇一年刊のNHKスペシャル「日本人はるかなる旅」によると、最新のDNA研究によって、長い縄文時代の人々は、さらに二万年前のシベリア平原にあるブリヤート人につながるという発見がある。

ともかくも、われわれ日本国家はAD六〇四年に制定された十七条憲法の第一条において「和

（やはらぎ）をもって貴（たつと）しと為す」という思想を持ったことは事実である。エマヌエル・スウェーデンボルグの著書「天界と地獄」を通読すればすぐ分かることであるが、地獄性愛を主力とする民族というものは「破壊すること」に最大の喜びを感得する種族である。[2]

「平和にしましょう」という話し合いが通じる御相手では決してない。ともかく一星系ですら平気で爆破した御連中である。一国家の転覆などは屁とも思っていない。ともかくルシファー星系人の濃厚な影響下にある予想される、「この厄介な国」がわれわれ日本国家の隣国である。

旧約聖書には次のようなことばがある。

「主は言われる、その時ユダの王たちの骨と、そのつかさたちの骨と、祭司たちの骨と、預言者たちの骨と、エルサレムに住む人々の骨は墓より掘り出されて、彼らの愛し、仕え、従い、求め、また拝んだ、日と月と天の衆群の前にさらされる。その骨は集める者も葬る者もなく、地のおもてに糞土のようになる（旧約聖書エレミヤ書　第八章一節、二節）」。

果たせるかな、彼らは日本国家に押し寄せると、まずもって必ずや仁徳天皇や雄略天皇の御陵を暴き、地上にばらまき、地のおもてに糞土のようにするのである。「靖国神社の問題」や「歴史教科書の問題」の問題にはすでにその徴候があるとすべきである。

第三章　中国民族の民度的性格

二〇〇二年十二月号の月刊誌「正論」に、衆議院議員・西村眞悟氏とカネミ倉庫会長・加藤三之輔氏の貴重な対談が載せられている。加藤三之輔氏は対談時、八十九歳で、大正三年一月、朝鮮・鎮南浦に、当時の大実業家、加藤平太郎氏の三男として生まれ、第二次大戦中の若き日、中国名「陸一風」と称し、八百名の勧農隊を形成して、現中国の天津県、寧河県一帯の治安維持、農事指導のために活躍された方である。

終戦時、八百人にも及ぶ武装兵団を持ち、地元農民諸氏からも厚い理解と支持を受けていたという珍しい古強者である。西村眞悟氏の紹介によると「アジア植民地化を当然とするごう慢な西欧に対する大日本帝国主義の大東亜共栄圏建設の時代の中で育ち、大陸にその夢を実現せんと青春をかけた人物、つまり実体験で中国を知る人物」ということになる。
この対談において、加藤三之輔氏によると次のような証言がなされている。中国民族の民度的性格を物語る貴重な資料として、ここにその要約を紹介致したい。

証言一、中国ではすべての前提は武力である。中国では、どんな話をしようと、どんなに扱われようと、国でいえば武力、個人でいえば相当量の兵力を持っていなければ一人前には扱われない。

証言二、中国人と付き合う場合、三年間くらい付き合わないと本当の姿が現れない。

証言三、孔孟の教えや老子達が行った基本的な有名な言葉を、ある程度マスターしておかないと敬意を表されない。

証言四、中国では、悪霊をなだめるために、そこの赤子を犬に食わせるような儀式がまだ存在する。

証言五、人間を、鳥や豚や牛と同じように食するのは、昔からの常識である。

証言六、中国人は殺りくが始まると、日本人では口にも出せんような残虐な殺し方をする。

証言七、一般的に、中国人は恩や義理などというものは考えない。自分にとって得か損かだけしか考えない。そういうことをよく知って中国人と付き合わねばならない。

証言八、権力の座を得るには、国家にしても個人にしても、「何かすれば痛い目に遭うぞ！」という武力を、ある程度持っていなければナメられる。蒋介石でも汪兆銘でも青幇《チンパン》とか紅幇《ホンパン》とか闇の殺し屋を持っていた。

証言九、中国人は喋ったり、約束したりすることはあまり評価しないが、逆に黙ってやっている人間の人格というものをちゃんと見ている。

証言十、約定書とかを作ってはならない。当方がそれに縛られるだけで、相手は全然それを守る意思がない。約定をつくらなければいけない間柄は、まだまだ駄目である。いわんや、美味いもの食ったり、貰ったりするようでは、お話にならない。

証言十一、自分の足元を固めることは必要である。

証言十二、中国には法はあるけれど、法治国家ではない。日本のやり方はよく法匪（法律の匪賊）といわれる。

証言十三、中国人との付き合いは、相手が今何を狙って何をしようとしているかをよーく分かった上でないと、簡単に交渉事はやれない。黙ってニコニコ笑っているほうがよい。

証言十四、中国人は、物をご馳走したり、お金を握らせたり、女を抱かせたりするのは達人ですよ。そして証拠を握ってしまう。

証言十五、日常の動きを常に注意しなければならない。注意をすれば向こうも警戒します。相手から敬意を表される下地を、中国の学問や日常の動作を含めて持ってからでないと、下手に話はできません。また、相手も言うことを聞かない。

証言十六、中国人を見るには、人から逆に見て判断する姿勢が大切ですね。いいやつは変だなーと。どんなに逆を見ても見すぎることはないですね。それだけ複雑な五千年の訓練を経た民族です。

証言十七、中国人はアメリカと同じで、日本の本質というものをよーく分かっていますよ。日本における天皇陛下の位置とか、天皇があったから日本があったとかということを日本人以上に知っています。だから、その日本の天皇家をだめにしようと、朝日新聞などを急先鋒に使っていろいろやっているわけです。

証言十八、中国人は権力構造のどこが勝ち残っても、自分の一族は、ちゃんと生き残れるようにしている。その配慮は完全です。

証言十九、戦犯が処刑されたときは、そらもう人間が群がってきて、饅頭に血を付けて食べる。それが中国人の健康法になっているわけですよ。

証言二十、今のマスコミや、教育では、日本軍がいろいろ無茶苦茶なことをやったといいます。しかし、それはアメリカや中国が自分達のことをごまかすために言っていることですよ。アメリカが東京空襲をはじめ、一般民衆を殺した数は何十万単位でしょう。中国が民衆を殺したのは、何千万単位ですからね。そういうものを隠すために例えば、当時南京は二十万人もいなかったのに、中共は南京大虐殺といって三十万人以上殺したと捏造していうのですね。イギリスの極東総督マウントバッテン卿の本にも、日本軍は、最後まで軍規厳正であったと書いている。

証言二十一、韓国の金玉均をはじめ、日本側に協力していた連中の流れがまだあります。韓国の三十八度線前線の優秀な連隊長や旅団長クラスになると日本軍に対する敬意が非常に強い。

証言二十二、日本軍は弾薬もない中で、なぜあれだけ立派な戦いがやれたのか。それは結局トインビーが言う通り、アジアの解放、有色人種の解放という大義名分があったからやれたのだ。

証言二十三、中国人でも朝鮮人でも、とにかく日本人を怒らせたら怖い！　ということをよく知っていますよ。この間も韓国の連中が来て、どんなことがあっても日本人を怒らせんように巧みにやらさなければいけない。それには腐らかすのが一番だと言っている。

証言二十四、そして最後に、加藤三之輔氏が繰り返し、強調したいのは次の事柄である。

■中国人というのは（そのなかには）凄い人物がいます。

■日本人の感覚ではまったく想像も及ばないような反対の感情を持っているということ。

■それと金での買収には、卓越した才能を持っているということ。
■それとこちらが何をやっても、どんな立派なことをやっても、宋襄の仁（無益の情け）ということ。
■中国の動きは、日本が軍隊（自衛隊）をある程度自主的に使えるような状態になったら、パッと変わります。

実に極めて貴重な証言にあふれている。これらの見解は、「この厄介な国、中国」の著者、東京外国語大学名誉教授の岡田英博氏の見解にもまったく相通ずるものである。また、台湾生まれの評論家、黄文雄氏はわれわれ日本人のうかがいしれない現中国の歴史的背面および社会的背面について鋭い論説を展開し、恐るべき中国の実態につき、止まることがない警鐘を鳴らしておられる。

※注…「正論」誌上において、加藤三之輔氏は、「シナ」および「シナ人」と表現しているが、現在の日本人にはなじみが低いので、本書では、それぞれ「中国」「中国人」とした。

京都大学の中西輝政教授は最近の評論で、二〇二〇年ごろが、中国が日本を攻撃開始する可能性のある年代として指摘しておられるが、(1)筆者も大体それと同じ年代を想定する。二〇二〇年から二〇四〇年ごろが最も危険な年代である。理由としては、次のようなことが考えられる。

一、ちょうどその頃、中国が現在、せっせと全世界から収集しつつある近代科学とテクノロジーが完全に自家籠中のものとなるであろう。

二、これらの近代科学とテクノロジーを投入して先端的戦略的武装を完成させるためには、それくらいの時間を必要とするであろう。

三、現在の経済成長率で蓄えつつある財を、工業化の進んでいる中国沿岸部と低生産性の中国内陸部の調整に使用し、かつ十分に軍事力につぎ込むのにそれくらいかかるであろう。

四、全世界に広がる華僑のグループを組織化し、日本を攻撃するネットワーク作りにそれくらいの時間がかかるであろう。

以上の準備が終了したところで、積年のうっぷんを満載してウンカのように怒涛のごとく押し寄せてくるであろう。そのとき日本民族は、これに対して防衛できねばならない。もし阻止しなければ、彼らは必ずや仁徳天皇や雄略天皇の御陵を暴き、地上にばらまき、地のおもてに糞土のようにし、日本民族の存在を過去と現在と未来にわたって抹殺するのである。

黄文雄氏が述べているように、日本民族が歴史上常に彼らと対等に交わり、近代においては常に彼らを凌駕して文明を展開していることに、彼らは常に変わることなく「眼紅病」を有していることをわれわれは決して忘れてはならない(2)。

第四章　中国の戦略的意図と日本の防衛

防衛問題として対中国問題は、われわれ日本民族にとって大変重要な問題であり、すでに中国民族の極めて危険な覇権的性格を有する歴史的背景と民族的背景について、考察を進めてきたわけであるが、これをさらに深めて対中国の防衛問題とわが国の防衛政策について論じてみたい。

本件については、すでに国際政治学者で京都大学教授の中西輝政氏の啓発的な著作が数多く出版されており、例えば、「日本の『敵』」（二〇〇一年刊、文藝春秋）、「今本当の危機が始まった」（二〇〇一年刊、集英社）、「国まさに滅びんとす」（二〇〇二年刊、文藝春秋）「日本の

「死」」（二〇〇三年刊、文藝春秋）、近著では、「日本の『覚悟』」（二〇〇五年刊、文藝春秋）がある。また、俊英な女性ジャーナリストである櫻井よしこ氏の「日本の危機2」等によっても、詳しく取り上げられ、論じられ、かつ展開されている。しかも最近、軍事専門家である、杏林大学教授の平松茂雄氏による極めて貴重な書、「中国は日本を併合する」（二〇〇六年刊、講談社インターナショナル）が出版された。

しかし、より具体的な問題になると、明海大教授の杉山徹宗氏の著作「戦略と戦慄―中国4000年の真実」（祥伝社）と「軍事帝国―中国の最終目的」（祥伝社）が非常に参考になるので、本書を基に、しばらくこの問題を掘り下げてみたい。

杉山徹宗氏によると、中国の王朝の交代によって、人口の増減が著しく大きく変化しているという。参照しているのは、ＡＤ一八五二年のロシア人学者、イヴァン・イリイチ・ザハーロフが著した「支那人口の歴史的考察」（布村一夫訳）で、驚くべき数字である。これを引用すると次頁の図のごとくになる。

これを日本の古代からの人口増減の図と比べてみると[1]その異常な傾向の差は一目瞭然となる。

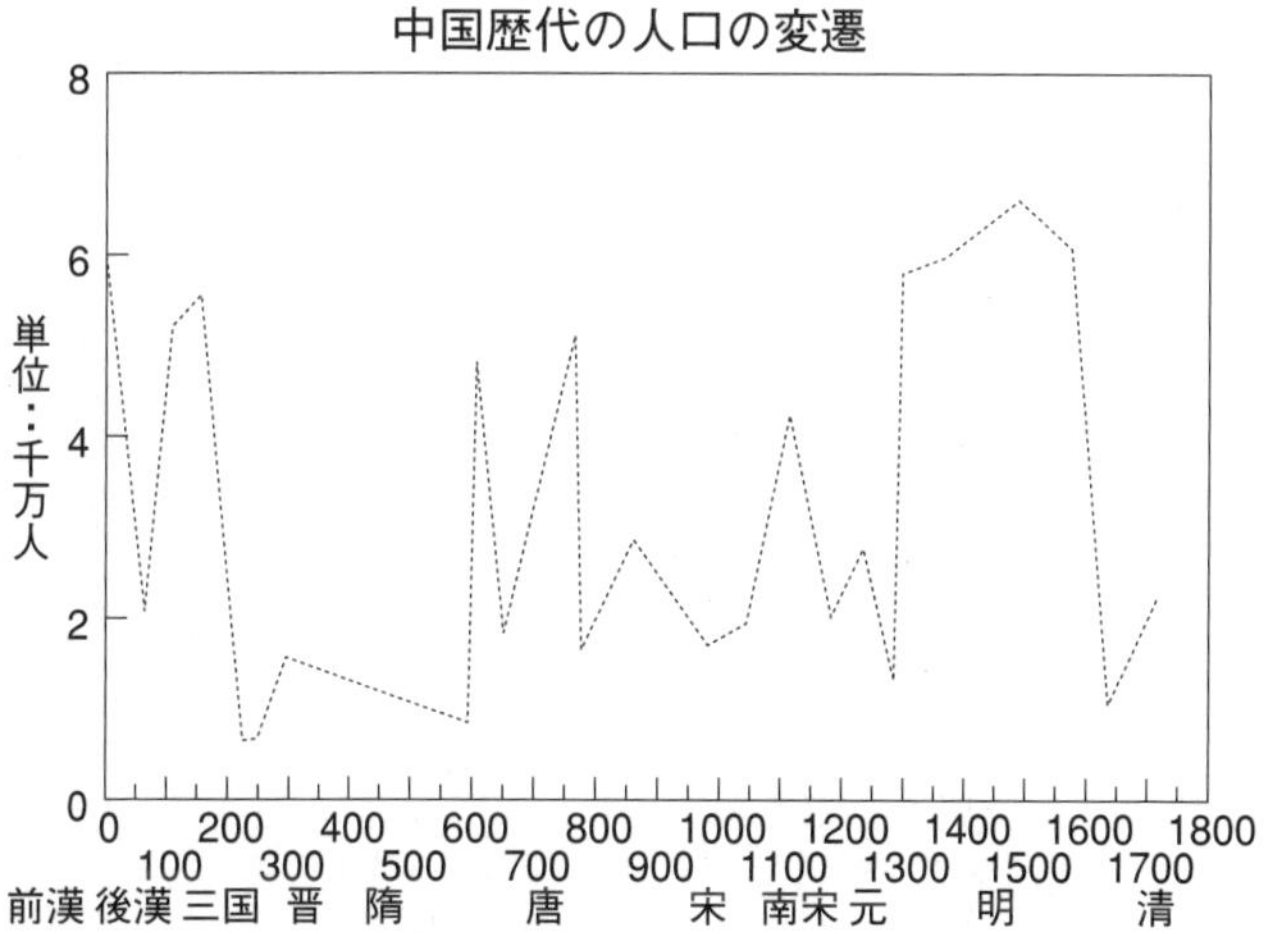
中国歴代の人口の変遷
単位：千万人
8
6
4
2
0
0 200 400 600 800 1000 1200 1400 1600 1800
100 300 500 700 900 1100 1300 1500 1700
前漢 後漢 三国 晋 隋 唐 宋 南宋 元 明 清

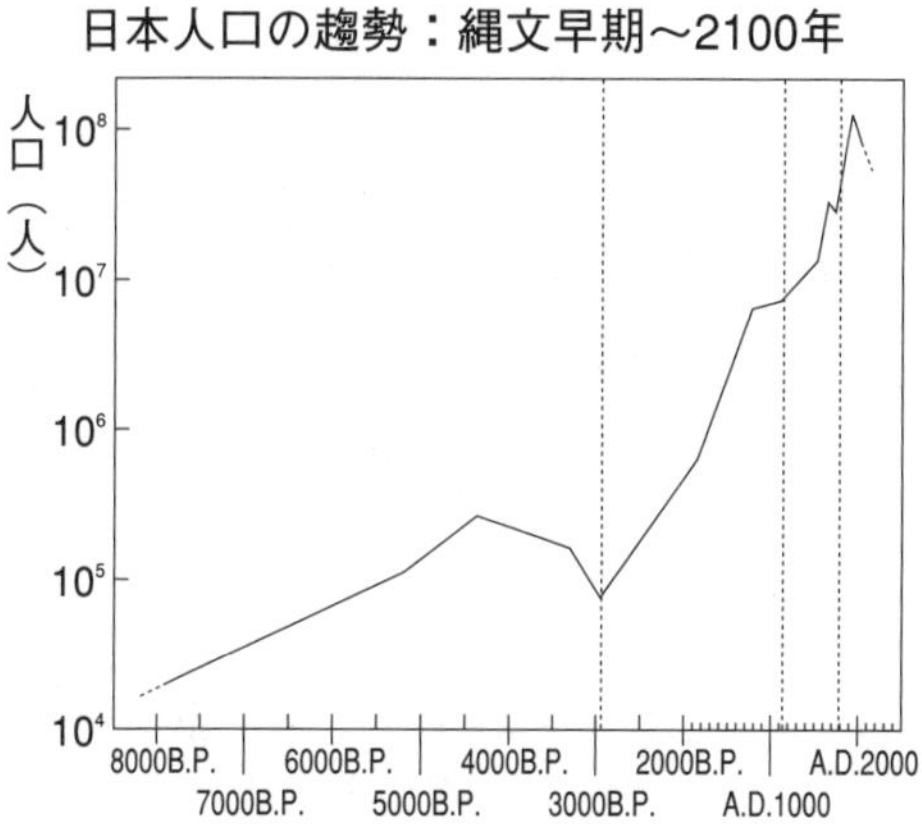
日本人口の趨勢：縄文早期～2100年
人口（人）
10^8
10^7
10^6
10^5
10^4
8000B.P. 6000B.P. 4000B.P. 2000B.P. A.D.2000
7000B.P. 5000B.P. 3000B.P. A.D.1000

この両図を比較すると、日本の場合は時代と共に人口がなだらかに変化して増加しているが、中国の場合、極端な人口増加の凹凸が認められる。次頁の表はこれを杉山徹宗氏が表にまとめられたものである。

これに基づいて、人口減少の著しい時代をたどってみると以下のようになる。

一、前漢（BC二年）から後漢（AD五七）：約六千万人から二千百万人へ
三千九百万人の減少

二、後漢（AD一五六年）から三国（AD二四二年）：約五千万人から約八百万人へ
四千二百万人の減少

三、宋（AD一一〇一年）から南宋（AD一一六〇年）：約四千七百万人から約一千九百万人へ
二千八百万人の減少

四、明（AD一五〇五年）から清（AD一六四四年）：約六千万人から約一千六十万人へ
四千九百四十万人の減少

中国の人口変遷

［王朝名］	［西暦］	（中国暦）	［推定人口数］
前漢	2年	元始　2年	59,594,978人
後漢	57年	中元　2年	21,000,000人
	156年	永寿　3年	50,066,856人
三国	242年	正治　3年	7,630,000人
晋	289年	太康　元年	16,000,000人
隋	580年		9,000,000人
	606年	大業　2年	46,019,056人
唐	626年	武徳　9年	16,520,000人
	755年	天宝　14年	52,919,309人
宋	976年	興国　元年	18,000,000人
	1021年	天禧　5年	19,930,000人
	1101年	大観　4年	46,734,784人
宋（南）	1160年	紹興　30年	19,230,000人
元	1264年	至元　元年	13,020,000人
	1290年	至元　27年	58,830,000人
明	1381年	洪武　14年	59,870,000人
	1504年	弘治　17年	60,105,853人
清	1644年	順治　元年	10,630,000人
	1720年	康熙　59年	25,029,949人
	1851年	咸豊　元年	432,160,000人
（太平天国の乱）	1861年	咸豊　11年	266,880,000人
	1910年	宣統　2年	342,000,000人
中華民国	1929年	民国　18年	450,000,000人

五、清（ＡＤ一八五一年）から太平天国の乱（ＡＤ一八六一年）：約四億三千二百万人から
約二億六千七百万人へ一億六千五百
万人の減少

これは実に驚くべき人口の減少を示す数字である。わずか約十年から百年足らずの政変で、約三千万人から約一億六千五百万人の人口が消滅しているのである。この減少は、清朝末期の日本の場合にあてはめると、明治六年の人口が三千三百三十万人であるから、ゆうに明治の日本国家の一国あるいは二国分相当が消滅していることになる。実に恐るべき残虐な歴史的惨殺があったことを示している。まさに歴史の物語にあるルシファー星人的特性であると言わざるをえない。これがわれわれの隣国の実体であることを肝に銘じておかねばならない。

「黎明（ルシファー）の子、明けの明星よ、
あなたは天から落ちてしまった。
もろもろの国を倒した者よ、あなたは切られて地に倒されてしまった」

まことに一国を消滅させることも、屁とも思わない連中であるということである。事実、近い将来、彼らが大挙して日本に押し寄せてくるならば必ず、仁徳天皇や雄略天皇の御陵を暴き、地上にその遺跡や、歴史上日本民族にとって尊貴溢れるご遺骨をばらまき、地のおもてに糞土のようにし、日本民族を過去と現在と未来にわたって抹殺するのである。

この件については、杉山徹宗氏も「中国に全王朝の遺品が何も残っていない理由」として言及しておられる[2]。聖書学的観点から述べると、地球ではまだ明確に認識されていないが、このような大量殺りくや痛ましい大量餓死で死亡した人間は実は、死亡して、消失してしまっているのではなくて、実はそのまま霊域に移動して、そこに残留し、その殺りくを実行している次期民族あるいは次期王朝に憑霊して、そこで暴れまくるのである。殺りくされた恨み、つらみ、あらゆる怨念と憎悪が、そこから無限に放射されていく[3]。

したがって、この悪念の照射を受ける次期戦勝民族、および次期戦勝王朝はたまったものではない。何しろ、約三千万人から約一億六千五百万人の怨念と憎悪の集中放射が発生しているのである。この怨念と憎悪の集中放射の下にあっては、いかなる堅固な民族あるいは王朝でも、やがては歴史的に崩壊を開始するに至るものである。すなわち、因果応報、殺りくは必ず霊界を汚染し、巨大な反撃を用意するということである。実は日露戦争において内村鑑三が反戦的立場をとったのは、このような霊界の汚染という立場からであった(4)。

杉山徹宗氏によると、一九九九年八月、「上海国際戦略学会」の上級研究員、呉寄南が極秘に中国政府関係者に手渡した論文があり、その中に近未来の中国が目する四つの敵性国家の名前が記入されており、その第一番目が日本ということである。そして、第二番目がロシア、第三番目がインド、第四番目が米国となっている。

もちろん、第一番目から第三番目までの列挙されている国家、日本、ロシア、インドは中国を包囲した形になっている。第四番目の米国は、地政学的には一歩後退して様子を見ているという形であろうか。おそらく、第一番目から第三番目までの国、日本、ロシア、インドが連合国を形成して同時に攻め寄せると、円形をすぼめるような形で中国は壊滅されるという思いであろう。それに加えて、第四番目の米国がそれらをバック・アップする形で援護防衛体制を張りめぐらされるとたまったものではない。実に二重リングの攻略体勢である。

現在では、不幸にして第二番目から第四番目までの国家、ロシア、インド、米国は原水爆の核ミサイルを保有している。核武装していないのは、第一番目の日本のみである。それでこの際、この核武装の攻略リングが形成される前に日本だけでも叩きつぶして、このリングを打ち破り、外側に出ておこうという意図なのであろうか。しかも、かの「眼紅病」にしみいる、憎らしき、思い迫るところの日本である。

彼の論文にはさらに五項目の戦略的要項が書かれている。
その一、最新兵器と先進技術のためのロシアの悪用
その二、中国の中近東の石油依存性拡大に基づく、シーレーン確保
その三、そのための核弾道ミサイル搭載の原子力潜水艦を多数建造
その四、インドを圧殺するためのパキスタンへの高度の軍事援助
その五、そのための東南アジア諸国を手なずけるためのＦＴＡ推進等の外交戦略等

現在、中国は北朝鮮との国境に近い鴨緑江の支流河岸にある、通化《つうか》（トンホワ）基地に、二十四基の核弾頭をつけた射程二千五百から三千五百キロメートルの戦術弾道ミサイル「東風―4」、「東風―5」を日本の主要都市に射程を照準して配備しているということである。(5)

しかもこの戦術弾道ミサイル「東風―4」、「東風―5」は、一九九七年現在ではさらに改良されて、「東風―21」CCS‐5・I型となり、液体燃料から固体燃料に変更されて車載式になり、命中精度が、当初の500㎥から30㎥に向上しているということである。通化《つうか》（トンホワ）基地から東京までの飛翔時間は九分である。日本はこの九分を利用して防衛体制を固めなければならない(6)。「日はまた沈む」の英国人の著者ビル・エモットによると「中国のミサイルは破壊力が大きい(7)」からこの核弾頭はすこぶる剣呑《けんのん》な代物である。

戦略的には、中国はすでに日本と戦闘状態に入っていると見るべきであろう。ちなみに、杉山徹宗氏によると、中国は世界各国に対し次のような核弾頭ミサイルの配備を終了している(8)。

一、対アメリカ：MIRV（複数目標弾頭）搭載CCS‐4大陸間弾道ミサイル（飛翔距離一万二千キロメートルから一万五千キロメートル）をワシントンDC、ニューヨーク、シカゴ、ロサンゼルス、宇宙ロケット発射基地、陸・海・空の軍事基地、NORAD（North American Aerospace Defense Command　北米航空宇宙防衛司令部）等に照準。

二、対ロシア：ＣＣＳ‐３（射程七千キロメートル）、ＣＣＳ‐２（射程三千五百キロメートル）を新疆ウイグル自治区のミサイル基地より、モスクワを中心とする重工業都市や軍事基地などに照準。

三、対インド：インドの九十もの大都市に対して核弾道ミサイルを照準。

杉山徹宗氏はその専門的な立場から、よく中国の中国国際戦略学会や国防大学、社会科学院等で講演されるそうであるが、そのとき、中国の国際情勢認識について質問すると、常に金太郎飴のごとく次のような回答が戻ってくるそうである(9)。

「ソ連の崩壊によって、現在は米国一国だけが国際政治を牛耳っている状態といってよい。ところが、牛耳り方がアメリカの国益を最優先する形で行われるので、世界中の国家は極めて不愉快に感じ、米国の以降に反発する国家が多くなっている。イランやイラクだけでなく、ユーゴスラビア、アジア・アフリカ諸国も、そして中南米諸国の多くも、もはや米国の言うことや命令を聞かなくなってきている。しかしだからといって、アメリカに直接挑戦できる軍事力もないので、（アメリカの）忠告や警告を無視して、周辺国との紛争に専念することになる。
中国的比喩でいえば、現在の世界は中国の二千二百年前にあった戦国時代とまったく同じ様相を呈している。その戦国時代における七カ国の英雄のうち、最も力を保持していたのは「秦」であるが、米国はこの「秦」と同じ立場にある。すなわち、このままで推移すれば現在世界も、かつての秦が他の六国をすべて併呑《へいどん》してしまったように、米国がすべての強国を併呑・支配してしまうであろう」。

ここで、杉山徹宗氏が「では、どうすればよいのですか」と質問すると、これも待ってましたとばかりに、判を押したように、次のように答えるそうである。

「冷戦時代、米国の横暴が抑えられたのは、ソ連という別の超大国が存在していたからである。現在、ソ連はなくなってしまったが、その代わりに中国が米国の横暴を抑えられるだけの軍事力を保持している。日本も含む世界の諸国は、米国の独占支配を阻止するために中国の政策を支持するべきではないか」。

それでは「結局、中国も世界的覇権を追求していることになりますよ」と質すと、「それは違う、中国は核兵器を持った時から覇権反対を唱えてきているのだから」と詭弁を弄《ろう》するそうである。

まさに「サタンは偽る」

これはキリスト教学上の師、手島郁郎先生が、サタンの特性について常に言及したことである。

杉山徹宗氏の体験によると、中国国際戦略学会や国防大学、社会科学院等、どこにおいてもこれと同等な回答が判を押したように返ってくるということである。

ということは、彼らはすでにその魂において、地獄界にいるルシファー星人の精神構造と霊性放射のビームで構造的結合状態に入っているといわなければならない。結合性呪縛状態といってよいであろう。

二五七頁の表にあるように、何しろ、中国人は有史以降総合計の数字で数億人の人間を、殺りくにつぐ殺りくを繰り返してきた民族である。その霊域に蓄積された怨念と憎悪の逆噴射によるビームの強度は並大抵でないと解すべきである。

エマヌエル・スウェーデンボルグの「天界と地獄(10)」によると次のような文章が出ている。「ときどき私は地獄から放出される悪から発した誤謬のスフィア（霊気）を認めることができたが、それは善で真のものをすべて破壊しようとする不断の努力のようなものであって、それを破壊できないところから、怒りと狂憤のようなものがそれに連結しており、特にそれは主の神的なものを絶滅させて、破壊しようとする努力であり、これは善と真理とがすべて主から発しているためであった」（柳瀬芳意氏訳）。

実のところ、こういう霊域とのビームとの結合性呪縛状態に入った場合、通常の外交努力ではとても解決することができない。ただできるのは創造神の化身である主イエス・キリストの御力による、憎悪ビームの切断あるのみである。

新約聖書、黙示録、第五章、一節から十節に次のような文章がある。

「わたしはまた、御座にいますかたの右の手に、巻物があるのを見た。その内側にも外側にも字が書いてあって、七つの封印で封じてあった。また、ひとりの強い御使が、大声で、『その巻物を開き、封印をとくのにふさわしい者は、だれか』と呼ばわっているのを見た。しかし、天にも地にも地の下にも、この巻物を開いて、それを見ることのできる者は、ひとりもいなかった。巻物を開いてそれを見るのにふさわしい者が見当らないので、わたしは激しく泣いていた。すると、長老のひとりがわたしに言った、『泣くな。見よ、ユダ族のしし、ダビデの若枝であるかたが、勝利を得たので、その巻物を開き七つの封印を解くことができる』。

わたしはまた、御座と四つの生き物との間、長老たちの間に、ほふられたとみえる小羊が立っているのを見た。それに七つの角と七つの目とがあった。これらの目は、全世界につかわされた、神の七つの霊である。小羊は進み出て、御座にいますかたの右の手から、巻物を受け取った。巻物を受け取った時、四つの生き物と二十四人の長老とは、おのおの、立琴と、香の満ちている金の鉢とを手に持って、小羊の前にひれ伏した。この香は聖徒の祈である。

彼らは新しい歌を歌って言った、『あなたこそは、その巻物を受け取り、封印を解くにふさわしいかたであります。あなたはほふられ、その血によって、神のために、あらゆる部族、国語、民族、国民の中から人々をあがない、わたしたちの神のために、彼らを御国の民とし、祭司となさいました。彼らは地上を支配するに至るでしょう』」。

我々が日常生活でよく体験するように、自分の悪い個性はなかなか自力では断ち切れるものではない。ましてや民族的な結合性呪縛は数世紀にわたっても解くことができない。この束縛状態が業としての巻物を構成する。今やイエス・キリストの御力によって我々は業の集積体である巻物を解くことができ、本来的無謬状態に開放される霊体的特性が与えられた。これが福音の意味するところである。しかし、使徒ヨハネは、業の集積体である巻物が、本来的に救助不可能な人類の状態になっていることを知って、慟哭《どうこく》したわけである。

それが今では杞憂に終わったことを天使たちに教えられるわけである。然り、現在ではイエス・キリストにあって、業の集積体である巻物は解除可能である。民族的な結合性呪縛も解除可能である。しかし、それには歴史的経過を必要とし、そこに問題が伏在《ふくざい》する。

第二の策としては日本民族による「武士道的キリスト教」の確立を挙げたい。しかしこれには数世紀の月日が経過するかもしれない。筆者としては、少なくとも一世紀くらいのうちに、国民的「武士道的キリスト教」が確立されていくことを祈っているだが。

そういうことで、さしあたっては、われわれ民族を防衛するために彼ら霊因性のルシファー星的残忍極まる攻撃から日本を防衛しなければならない。実に彼らの背景にある霊性にとっては殺りくすることが実に喜びであるからである。

具体的な方法として、明海大学教授の杉山徹宗氏は、かの第四十代アメリカ合衆国レーガン大統領が提案し、一九八八年から一九九三年に終了したＳＤＩ（戦略防衛構想）の復活を推奨される。[11]その理由としてＳＤＩ（戦略防衛構想）には次のような特徴があるという。

特徴一、ＳＤＩ技術の特徴は簡単に言えば次の三種の技術により構成されている。

（1）各種のレーザービーム技術

（2）スーパーコンピューター技術

（3）光学機器技術

これにセンサー技術を加えたものをシステマチックに構成して機動化する。

特徴二、このSDI技術を構成する三種の技術をもっとも豊富に保有しているのは、米国と日本である。ハイテクノロジーに関しては、日本と米国の二カ国だけで、世界の八〇％独占している。この三種の先進技術も軍事的視点から見れば、米国技術が先頭を切っているが、民生用視点から見れば、日本技術のほうが進んでいる。

特徴三、SDIは、敵の弾道ミサイルがサイロから発射された場合、地上に顔を出してブースト段階に入った時点で偵察衛星によるセンサーでそれを探知し、別の衛星からレーザービームを照射して破壊してしまうというシステムである。

特徴四、ミサイルがこれを繰り抜けて、仮にうまくミッドコース段階にきても、やはり衛星か、あるいは海上にある潜水艦から、レーザービームを照射して破壊してしまう。

特徴五、それでも防衛網をくぐりぬけて、ターミナル段階に入って大気圏内に再突入する弾道ミサイルがあったとしても探知される確立は極めて大きく、地上発射のレーザービーム照射と同時に宇宙からも照射を受けて、確実に破壊することができる。

特徴六、レーザー光線のメリットは、光線が収束する性質があるので理論的には十万キロ先でも拡散することなく、エネルギーを照射することができることと、照射するターゲットをあくまで兵器だけに限定できる点にある。

特徴七、地球は丸いから、宇宙空間に偵察衛星機能とレーザー製造装置を備えた宇宙戦艦を周回させておけば、自由電子レーザーやフッ化クリプトンガスレーザーが使用できる。

特徴八、日米同盟のからみで、米国が参加を求める場合は共同開発あるいは費用と技術の折半で進めることができる。

特徴九、もしもオーストラリアやカナダなどが参加を希望する場合は是非参加をしてもらう。すでに、杉山徹宗氏にはオーストラリア国防大学の教授から参加の打診があったということである。

特徴十、ＳＤＩを開発する場合は、日米同盟以外に絶対に窃取《せっしゅ》されないように管理体制を敷く必要がある。

特徴十一、これらＳＤＩを構成する三つの技術は、その開発段階で極めて多くの分野に波及効果がある。経済分野にとどまらず、農業、漁業、電子、航空、宇宙、医療、健康、原子力、海洋開発など、ほとんどあらゆる分野にその恩恵は波及する。

ところで、知名なジャーナリストの田原総一郎氏と知価革命の導入で著名な元経済企画庁長官でもあり作家でもある堺屋太一氏御両名の「中央公論」二〇〇〇年四月号における対談において、堺屋氏が日本はサツマイモのように東西に長く、幅が狭いから核攻撃の反撃に弱く、したがって今後は「商人国家」として生き延びていくのが最も適しているという御見解を述べておられるところがある。

これは今後、日本国家は他国の侵略を行わないという前提のもとではもっともな見解であるが、もし相手側から強力な核攻撃が遠慮会釈なく想定された場合はどうすればよいであろうか。

特に日本は、歴史的にルシファー星人の濃厚な影響下にあると思われる、「この厄介な国」といわれる隣国を有しているという現実である。エマヌエル・スウェーデンボルグの著書「天界と地獄」を参証にすると、地獄性愛というものは「破壊すること」に最大の喜びを感得する種族である[12]ことが明瞭である。途轍《とてつ》もないが、「平和にしましょう」という話し合いが通じる御相手ではないのである。かつて銀河系歴史上において一星系ですら平気で爆破した御連中である。一国家の転覆などは屁とも思っていない。

確かに日本は陸上の地形のみを見つめるとサツマイモのように東西に長く幅が狭いのであるが、もしこれに加えて一九九六年に批准された「海洋に関する国際連合条約」に基づく二百海里以内を排他的経済水域とする排他的経済水域を適用するとどうであろうか。そうすると、昭和六十三年の海上保安白書によると、その面積は約三百六十一万平方キロメートル（平成十年六月二十二日「海洋開発審議会基本問題懇談会」における、「基本問題懇談会報告書の概要」では四百五万平方キロメートル）となり、世界有数の国家とほぼ同等に肩をのばせる広さと同じくなる。わが国土面積は約三十七・八万平方キロメートルであるから、大略十倍になる。領海十二海里で推定すると三十一万平方キロメートルで、これでも面積は約二倍になる。

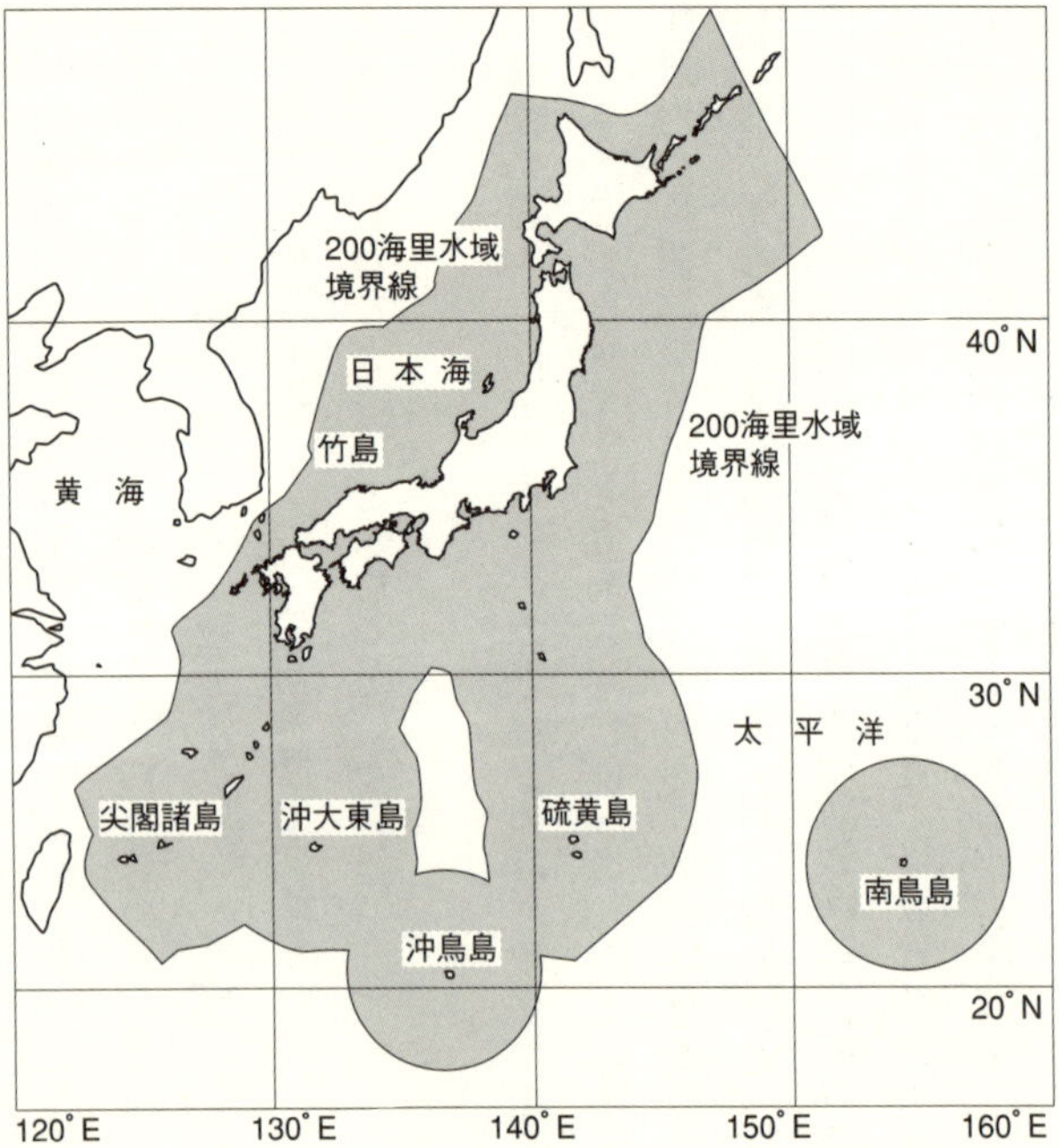

注：原図は、(社)海洋産業研究会によるもの

国土の外線

上図はこの排他的経済水域の概略図である。

隣国の中国は陸地のみでは九百五十九・七万平方キロメートル（日本の排他的経済水域面積の約二・七倍）で、これに対し平松茂雄氏による書「中国は日本を併合する」（講談社インターナショナル）[13]によると、中国は北から渤海、黄海、東シナ海、南シナ海と海域総面積、四百七十三万平方キロメートルの中、三百万平方キロメートル（日本の排他的経済水域面積の約〇・八倍）を要求しているそうである。

ちなみに、ロシア連邦は陸地のみで一千七百七・五万平方キロメートル（日本の排他的経済水域面積の約四・七倍）、アメリカ合衆国は陸地のみで九百六十二・九万平方キロメートル（日本の排他的経済水域面積の約二・七倍）である。

ところで、ここに原子力潜水艦隊を設置すれば、日本国家の陸地はなるほどサツマイモのように東西に長く幅が狭くて、核攻撃に対して確かにぜい弱であるとしても、なお、核攻撃に対して反撃が可能になる体制を構築できるのではないだろうか。当然ながら、原子力潜水艦隊は世界の公海を遊弋《ゆうよく》することができる。その世界の公海から核攻撃に対する反撃も可能ある。したがって、排他的経済水域というのは、防衛上、日本国家の経済水域という意味で、絶対的に重みを持つであろう。

「レッド・オクトーバーを追え」（井坂清訳、文春文庫）で有名な、米国の作家、トム・クランシーが著した「トム・クランシーの原潜解剖」（平賀秀明訳、新潮文庫）によると、核弾頭のミサイルを装備した原子力潜水艦は、一隻約二十億ドルで建設できるそうである。日本円では、為替レートを一ドル＝百二十円とすると原子力潜水艦一隻の建設コストは核弾頭のミサイルを装備した原子力潜水艦で約二千四百億円となる。もしこれを百隻準備するとなると、その造艦費用としては約二十四兆円の予算が必要となる。

艦船の寿命を今、常識的に三十年くらいと仮定すると、この間の防衛すべき国民の資産であるGDPはどれくらいになるであろうか。第一部で述べた経済戦略を考慮しない場合の現在のGDPで、一年大略GDP五百兆円とすると三十年間では、一京五千兆円となる。この割合をみると、原子力潜水艦百隻の造艦コストは日本国家三十年間のGNPの〇・一六％である。もちろん人件費、メンテナンス費も含めなければならない。それで、これの倍見積もっても約〇・三二％である。もちろんこれだけでは防衛できないであろう。場合によっては二百隻必要になるかもしれない。

そしてもちろんいうまでもないが、このような行動は国民の同意と、憲法改定が大前提となる。ただ相手は「この厄介な国」といわれる隣国である。筆者としては、前述したSDI開発構想に加え、このSDI開発構想に関する世論構築およびSDI開発に関する予算措置、予備調査、開発チームの構築等の必要とする時間経過の間隙を埋める意味で、前述した排他的経済水域における原子力潜水艦隊体制の確立を提案したい。

この原子力潜水艦は最初は日米同盟の観点に立って、ライセンシングの形で製作したほうがよい。でなければ、最初の十隻だけまず米国で造艦してもらってもよい。十隻の場合、その造艦コストは約二兆四千億円である。現在、対米貿易収支は大幅に黒字であるから、日米同盟間の同意さえ成立すれば、米国は喜んで造艦に協力してくれるであろう。

すなわち、毎年十隻の割合で製作し、十年間で百隻の原子力潜水艦艦隊を用意して、日本国家の防衛に当てるわけである。当然ながらこの原子力潜水艦は中国の核攻撃に対する反撃を前提にするものであるから、核弾頭のミサイルを装備した原子力潜水艦でなければならない。

指摘されるように、確かに日本はサツマイモのように東西に長く、幅が狭いから、核攻撃の反撃に弱いが、原子力潜水艦を「海洋に関する国際連合条約」による二百海里以内を排他的経済水域とする経済水域および公海に遊弋せしめるなら、この核攻撃の反撃は全然異なった見方にならないだろうか。

これと同時に、次世代を担う日本の若人に国防の意識を学んでもらえ、ひいてはジョージ・アダムスキー著の「宇宙からの訪問者」（「Flying Saucers Have Landed」と「Inside the Space Ships」）（ユニバース出版社、久保田八郎訳）にあるように、海面から飛び出して大気圏を通過してそのまま宇宙空間に舞い上がれるような宇宙文明的潜水艦の造艦が可能になったとき[14]、宇宙空間を飛翔する予備訓練を構成することにもつながる可能性がある。

十年間でその造艦費用はおおよそ二十四兆円になるが、これにより十年間のGNP五千兆円と日本民族の防衛を行うのであるから、率として〇・四八％は安いものである。これを第一段としてその間に第二段として前記のSDI（戦略防衛構想）体制を構築するわけである。

繰り返すようであるが、もちろんこれらを遂行していくためには日本国民の合意、憲法改正、有事法体制の確立等、無数といっていいほどの国民的、外交的、教育的準備が必要である。加えるに、外交上、特に、米国および東南アジアの了解と確認が必要である。

日本国家の核武装論については「諸君！」二〇〇三年八月号に「是か非か　日本核武装論」という特集が組まれ、多くの識者の論文、論点が載せられている。おおむね「諸君！」の論客は日本国核武装に賛成である。またその多くの論客が、二〇〇三年三月に米国のチェイニー副大統領による「日本は核武装問題を再検討するかどうかの考慮を迫られるかもしれない」という発言に論及している。

ところで、京都大学教授の中西輝政氏がその著『日本の「敵」』に中国の外交政策において重要な指摘がなされている[15]。それは歴史上、中国の外交が非常に巧みな場合と、極めて稚拙な場合との両面があるというのである。外交が非常に巧みに進行する場合は倫理（彼らの場合、儒教道徳の思想）とモラルが介在しない場合で、最も成功した例が盧溝橋事件に端を発する日華事変である。中国は巧みにアメリカ、イギリス、ソ連も誘い込んで、日本を孤立させ、日米対立を促進して太平洋戦争に向かわしめ、最終的に対日戦に勝利したケースであるという。

ところが、彼らは倫理（彼らの場合、儒教道徳の思想）とモラルが介在すると必ずといっていいほど、同じ過ちを繰り返すということである。「許せない。これは正義がかかった問題だ」と肩を怒らせたとたん、中国は驚くほど愚昧な外交をするというわけである。これは、彼らの儒教道徳の思想にもとづく、中華思想に起因するという。

例えばその一つに、中越関係の歴史があるという。千年にわたり、ベトナムに何度となく懲罰攻撃に赴くが、いつもひどい目に遭って退却しているということである。そして今回の中国問題の爆発点になっている台湾問題がそれに相当するという。

ともかく共産主義というのは、世界的な思想家の巨人のひとり、ニコライ・アレクサンドロヴィッチ・ベルジャーエフが指摘するように、一つの確たる宗教なのである。そしてこの共産主義という宗教の下には、アンジェルッチ・オーフェイオ・マシュー著の「円盤の秘密」(「The Secret of the Saucers」) の中で、外星系から来訪した宇宙人が指摘するように、宇宙的規模の悪質な思考が数多く隠ぺいされているわけで、すでに宇宙的スケールの事件として宇宙文明間で摘発されている。まずもって、共産主義のなかには「神の思想」が完全に抹殺されている。これは致命的な欠陥である。

また第二の問題として、国際政治の専門家である中西輝政教授の次の指摘は、慎重に考慮しなければならない問題であろう。

「しかし中台の衝突が起こらないならば、中国の『内側からの崩れ』がいずれ必ず始まってこよう。そろそろ日本は『崩壊する中国』への対処を考えておかなければならない時期に入るが、それは常にアメリカなど他の国との連携を第一にすえて考えられるべきだ。これは戦前日本の過ちの轍《てつ》を踏まないということでもある。明治の終わりから大正、昭和初期にかけて、日本は『崩れゆく中国』にのみ込まれた経験があるからだ。

戦前、日本一国で中国に対処する外交方針を採ったことは、わが国最大の過ちであった。一九二〇年代の国民革命時に、蔣介石の北伐軍は、アメリカ、イギリスが揚子江流域に持つ疎開や関税などの利権を国際条約に違反して武力で回復していった。これは国際法上認められないとして欧米列強が反発し、中国に対して共同して抗議しようという呼びかけを日本に行ったが、日本は動かなかった。

当時の外相幣原《しではら》喜重郎は、日本は中国に理解が深い、西洋の帝国主義には与しない、と言って、『不干渉』を主張したのである。そのため欧米は、中国の国際法無視に目をつむった日本に対して、中国ナショナリズムの矛先を転じさせようとする。その結果、わが国は満州事変へと追い込まれていった。この経験を今こそ、日本は思い起こすべきだ。日本は馴れ合いの日中二国間外交や、『一衣帯水』といった感傷的な〝日中友好〟のムード外交にたよるのをやめ、『多国間の連携による対中外交』という基本をつねに重んじるべきである(16)」。

すなわち、国際協調を中心にして前進すべしという極めて重要な助言であるが、それと共に、それは他ならぬ、創造神、かの聖書に濃縮して顕現している創造神と協調して前進することが重要なことである。

ところが前掲した平松茂雄氏による著「中国は日本を併合する」（講談社インターナショナル）によると、有人宇宙船の開発に成功した中国は、宇宙ステーションを建設し、宇宙軍を組織し、レーザー兵器を用いて宇宙から攻撃してくる体勢に入りつつあるということである。[17] この宇宙兵器の中には

一、レーザー兵器

二、粒子ビーム兵器

三、極超短波パルス兵器

等があり、宇宙での制空権の掌握を目指している。

そして、中国も同じくＳＤＩ（戦略防衛構想）の開発研究を進め、その軍事的利用にとりか

かっているということである。従来のＳＤＩも
一、電磁レールガン（Electromagnetic Rail Gun）
二、高エネルギーを照射するレーザー発射機とその戦闘用レーザー反射衛星（Mission Mirror）
三、Ｘ線レーザー衛星（X-ray Laser）
四、化学（酸素・ヨウ素）レーザー（Chemical Laser）
から成立しているので、ほぼ同じものであるといえる。

ただ、レーザー兵器は核爆発と異なって周囲への悪影響も少なく、攻撃目標に集中できる特性がある。ＳＤＩの特徴二で説明したように、このＳＤＩ技術を構成する技術を最も豊富に保有しているのは米国と日本である。ハイテクノロジーに関しては、日本と米国の二カ国だけで、世界の八〇％を独占している。この三種の先進技術も軍事的視点から見れば、米国技術が先頭を切っているが、民生用視点から見れば、日本技術のほうが進んでいる。

今からでも、日本が本気でこの開発に取り組めば、おそらく中国の宇宙軍を撃退するに足るさらに進んだ高度な防衛システムを構築できるのではないだろうか。また核アレルギーが強い日本民族にとってＳＤＩ（戦略防衛構想）は構築しやすい防衛システムである。

日本民族は果たして二〇二〇年から二〇四〇年までに怒涛のように押し寄せる中国の世紀的攻勢に立ち向かい、民族的防波堤を築くことができるだろうか。

しかし日本民族が二〇二〇年から二〇四〇年に至る、これらの軍事的防御に成功するならば、またこの広大な軍事的攻撃を制御することに成功するならば、われわれは一つのなだらかな歴史的平坦部に到達し、やがて宇宙文明の「大同圏」に徐々に接近していくことができるのである。

ここで、第二部で論じたアメリカ合衆国のコアの部分を動かしているフリーメーソン、すなわち「闇の権力構造」と中国の覇権主義的な国際戦略を兼ね合わせて考えてみると、次のような日本国家を取り巻く世界戦略の構図が選択肢として浮かんでくる。

ケース一、まず日本を用いて中国を滅ぼし、後日本を滅ぼす。

ケース二、まず中国を用いて日本を滅ぼし、後中国を滅ぼす。

ケース三、日本と中国を互いに戦わせ、その間に漁夫の利を得る。

現在の日本人にとっては、これらすべてのケースがとてもありえないように、またあるはずがないように思われるであろうが、彼ら「闇の権力構造」すなわち世界の設定者たちは、その性格が民族主義的に突出するドイツと日本を、ゆくゆくは世界から除去するのが基本戦略ということである[18]。油断は禁物である。

われわれ日本人にとって、ケース一はともかく、ケース二、ケース三は願い下げというところである。確かに「親日派のための弁明」（金完燮《キム・ワンソブ》、草思社）の書において、彼が韓国で「反日」を最初に誰が言い始めたかということにつき、ジャーナリストの鋭い嗅覚で探求を続けた結果、ついに「アメリカの謀略ではないか」ということにつきあたったと、述懐している[19]。

ここで日本民族にとって特に留意すべき重要なことは「諜報」ということである。京都大学の中西輝政教授はすでに総合雑誌「諸君！」において二〇〇一年二月号から二〇〇三年七月号にかけてこの「国家情報論」に関する極めて示唆に富み、かつ啓蒙的な論説を展開しておられる。

中西輝政教授は現在の若き日本の学徒にロシア語を鋭意研習し、クレムリン内あるいは旧・赤の広場にある巨大なレーニン図書館内に眠る旧ソビエト時代の諜報活動を研究することを強く推奨している。旧ソビエト時代のコミンテルンの諜報活動は日本の旧陸軍の中にも入り込み、世界の歴史をも優に覆すに足る凄まじい規模に展開されていたからである。その諜報活動の機微と組織、展開、規模、達成度等を詳細に研究することにより、今後日本における諜報活動の構築に役立てようという考え方である。

事実、満州事変の発端ともなる「張作霖爆殺（一九二七年）」も、筆者を含めて、一般に日本陸軍が実行したことになっているが、実のところスターリンの命令により、後にトロツキー暗殺に関与したナウム・エイティンゴンが計画し、日本軍の仕業に見せかけたのが真相らしい[20]。また、「正論」二〇〇六年四月号には引き続いて、ロシアの歴史家ドミトリー・P・プロホロフの「張作霖爆殺はソ連の謀略」という追跡インタビューの記事が出ている。

最近刊行された国際政治評論家の中丸薫先生と元公安調査庁調査第二部長の菅沼光弘氏の共著「この国を支配／管理する者たち」（徳間書店）において、菅沼光弘氏が「闇の権力構造」についてては、日本においても、戦前においては大変深く研究されていたことを述べている[21]。しかし現在の政府機関では、残念ながら「闇の権力構造」に関しては全部、アンタッチャブルということである。

前著「日本人は神を発見できるか」においても引用したのであるが、外星系（金星、火星、土星等）では、現在の地球の天体望遠鏡よりもさらに高度に進化した風俗天体望遠鏡ともいうべきものが完成している。(22) これによると人間が何を考えているかが、簡単にピックアップされ、衛星にこの望遠鏡をのせて周回軌道を周回させると、大抵の想念は獲保されて軍事機密を含めて機密保持は基本的に困難となる。

実は人間には、アーカシック・レコードが奥深く組み込まれていて、天使たちはその人間の音声を一声聞くだけでその全生涯を識別する。また、検査担当の天使はその眼前で、その人間を一回転させるだけで、その全生涯を判別するそうである。

旧約聖書の詩篇第一三九篇、第三、四節には、

「あなたはわが歩むをも、伏すをも探り出し、わがもろもろの道をことごとく知っておられます。わたしの舌に一言もないのに、主よ、あなたはことごとくそれを知られます」

とある。

現在、地球は異次元界からの悪魔性テロリストグループの攻撃にさらされている。例えばオスカー・マゴッチ著、「わが深宇宙探訪記」(上)(中)(下)(加速学園出版部、石井弘幸訳、関英男監修)を読むと、この間のいきさつがよくわかる。そのため、銀河系規模での天使系諜報部隊であるサイキアン世界連盟から三名のスペシャリストが地球に常駐している。この三名の名前は、それぞれクエンティン、アガース、ドン・ミゲル(本名はマイカ)で、彼らはアレクサンドル・デュマ作の「三銃士」よろしく、長い歴史を通じての親友で、協力して銀河系のあらゆる難問を解決して今日に至っている。

彼らの年齢は、共に三万年を超える。クエンティンはスペクトロン司令官で、スペインのエルナン・コルテスが十六世初頭、アステカ王朝を滅ぼし、ペルーのインカ帝国が滅ぼされたころ、南アメリカに滞在してスペインの征服のいきさつを観察している。またアガースはサイキアン宇宙艦隊諜報部の参謀将校で、フビライ・ハンが一二七四年(文永の役)と一二八一年(弘安の役)に日本を攻めたころ、元の国都、燕京(北京)にフビライ・ハンの幕僚の一人として存在していたそうである。

この三名の使命はもちろん、地球への異次元界からの悪魔性テロリストグループの侵入を防ぐことである。この三名のうち、クエンティンさんは、すでに国際政治評論家の中丸薫先生と接触を開始している[23]。実は「闇の権力構造」すなわち世界の設定者たちは、この異次元界からの悪魔性テロリストグループと深く抵触していて、中国の覇権主義的な国際戦略の反日運動もこの二重の底辺を有していないとはいえないのである。中丸薫先生に語ったクエンティンさんによると、天使系諜報部隊であるサイキアン世界連盟は現在八十万人くらいで構成され、全銀河系に散らばり、天使系諜報部隊として活躍している。サイキアン世界連盟の上にはさらに、ガーディアン委員会という天使群があり、その上部にはさらにアセンディド・マスターズという上部天使群がおられる。

諜報活動で日本人に最も鮮明に記憶に残るのは、日露戦争当時活躍した、陸軍大佐・明石元二郎であろう。米国ニューハンプシャー州ポーツマスで日露戦争の講和条約が締結されたとき、彼からの情報は、日本国家の結論に決定的な影響を与えた。

「正論」（二〇〇六年四月号）には、多美側彰三氏が中野学校を解析、分析して秘密戦情報庁の設立を提案している。中丸薫先生と元公安調査庁調査第二部長の菅沼光弘氏の共著「この国を支配／管理する者たち」の巻末に中国政府の工作マニュアルが掲載されているが、予想通りの観光客、留学生、在日華僑を巻き込む、おどろおどろしき内容になっている。現実の内容は、これに輪をかけた数十倍ものすさまじい活動内容になっているに違いないのである。本著の中で、菅沼光弘氏が合法的に海外に出る中国人はすべて、諜報機関に何らかの形で諜報活動を依頼されているに違いないことを指摘している。何千万という中国人が実質的な情報機関員として活動していることになるわけである。[24]

中国はすでに「諸君！」（二〇〇六年三月号）において記されるように、非戦争状態である通常の国際関係から武装した状態の戦闘状態へ移行する軍事的な敷居（Threshold）が極めて低いと識者に指摘されている。[25]

われわれはここでも諜報活動において立ち上がり、日本文明と日本文化の世界に寄与する絶大な歴史的使命感あふれる世界歴史への展開を防衛し、経済活動をも含めて国民生活とその安全（Security）を維持し、死を超克《ちょうこく》せる宇宙の人々がかたずをのんでわれわれの到着を待っている、かの宇宙文明を構成する大同圏の広大にしてなだらかな平坦部に到達するまで、われわれは周辺の恐るべき敵性国家から日本文明圏を防御して、これに勝利しなければならない。われわれ日本民族はまさに覇権国家・中国民族とはすでに戦闘状態に入っていると見なさなければならないのである。

第四部　クンダリーニーの発現

第一章　クンダリーニーの概念

クンダリーニーという用語は元来、インド教の古代ヨーガで用いられる言葉で、キリスト教学で用いられる用語ではない。キリスト教学で用いられている用語は、通常「回心」、「改心」であるいは、「悔い改め」である。英語で表現すると「Conversion」ということになる。聖書の原語のギリシア語、コイネーでは「メタノイア（μετανοια）」である。

小池辰雄先生はその最後の著書「聖書は大ドラマである」の中で、聖書で通常「悔改」あるいは「改心」と訳されている、メタノイア（μετανοια）という原語を「天国回帰」という名訳を施された。私はこれを見てわが意を得たりとばかりに莞爾《かんじ》としたものである。

マタイ伝第四章第十七節に記される主イエス・キリストの御言語は、次のようになっている。

「この時からイエスは教を宣べはじめて言われた、『悔い改めよ、天国は近づいた』。

（’Απὸ τότε ἤρξατο ὁ ’Ιησοῦς κηρύσσειν καὶ λέγειν, Μετανοεῖτε· ἤγγικεν γὰρ ἡ βασιλεία τῶν οὐρανῶν.）

これを、小池辰雄先生の訳でもってすれば、

「天国回帰せよ、天国は臨接せり。」、
と、名訳に変わる。


しかしキリスト教会では、すでに説明したように「ローマ化」という第一屈折、「ゲルマン化」という第二屈折で、まったく使徒時代の原始福音とは異なる、贋性キリスト教となってしまい、特に「代罰説」の影響の下に原文でいう、メタノイア（μετανοια）が本来的に何であったかまったく忘れ去られている。[1] 使徒時代ではそうではなかった。まず聖霊を受けることから、すなわちクンダリーニーが目覚めるところから、真のキリスト者は出発したのである。現在の欧米のキリスト社会では「聖霊」が何たるかを知らない人もいる。まったく魑魅魍《ちみもう》

魎《りょう》の世界である。

使徒行伝第十九章一節から六節までに次のように書かれている。

「アポロがコリントにいた時、パウロは奥地をとおってエペソにきた。そして、ある弟子たちに出会って、彼らに『あなたがたは、信仰にはいった時に、聖霊を受けたのか』と尋ねたところ、『いいえ聖霊なるものがあることさえ、聞いたことがありません』と答えた。『では、だれの名によってバプテスマを受けたのか』と彼がきくと、彼らは『ヨハネの名によるバプテスマを受けました』と答えた。

そこで、パウロが言った、『ヨハネは悔い改めのバプテスマを授けたが、それによって自分のあとに来るかた、すなわちイエスを信じるように人々に勧めたのである』。

人々はこれを聞いて、主イエスの名によるバプテスマを受けた。

そして、パウロが彼らの上に手をおくと、聖霊が彼らにくだり、それから彼らは異言を語ったり、預言をしたりし出した」。

という次第で、筆者は聖書原文でいう、メタノイア（μεταυοια）に対応してクンダリーニーの覚醒ということにしている。

クンダリーニーに関する書籍は数多くあり、クンダリーニーに関する著作の内容は、多くチャクラと関連して説かれている。ヨーロッパ系のものでは、C・W・リードビーター（C.W.Leadbeater）（一八四七年〜一九三四年）の「チャクラ（The Chakras）本山博・湯浅泰雄共訳（平河出版社）」が有名である。インドの文献としては、佐保田鶴治氏の注釈による、「ヨーガ・スートラ」がある。ヨーロッパ系の書籍は説明的かつ解析的で、知識は与えてくれるが、そこでおしまいである。それから先は、何も教えてくれない。インドの文献は行法的であるが、理解するのに極めて困難である。

筆者としては、阿含宗管長である桐山靖雄先生の「密教　超能力のカリキュラム」（平河出版）および宗教心理学研究所所長（文学博士）である山本博氏の著「チャクラ、異次元への接点」を薦めたい。どちらも、クンダリーニーの覚醒に関する、血みどろの修行の上に執筆された、他の追従を許さない、独創的な著作である。これ以外に、桐山靖雄先生には密教護摩の行法中に、ついにクンダリーニーの覚醒に至ったという厳しい修行を記述した「変身の原理」（角川書店）という貴重な本がある。

ところで、クンダリーニーとは、「脊柱の一番下端、尾骨より三センチほど丈夫にあるエネルギーの源泉」で、ハタ・ヨーガ・プラディーピカーの佐保田鶴治氏の注釈によると、次のようになる。

「クンダリーニーは宇宙を創造し、そして動かしている力（シャクティー）が小宇宙である人体のうちにひそんでいる姿をいうので、ものすごい力を秘めた潜在的な生命力である。それは火焔や蛇にたとえられる。この蛇は人体内部の生命の樹である背骨の最下部に、三まわり半のとぐろを巻いて眠っている。

クンダリーニーとは『とぐろを巻いているもの』ということである。この蛇を何らかの方法で目ざまさせると、脊柱の中央を貫くスシュームナー管という不可視の細管のなかを上昇して、ついには頭頂に達する。そのときスシュームナー管の六カ所にあるチャクラを開くから、人間の持っている本来のいろいろな能力や性質が、次第に低級なものから高級なものにかけて開発されるのである」。

かくしてクンダリーニーの覚醒と共に、人間なかに潜在している六カ所のチャクラを一つずつ、目覚めさせていくのである。

古代ヨーガによると、チャクラというのは「力の湧き出る泉」と称され、現在の医学的観点ではホルモンを分泌する内分泌腺が対応しているということである。チャクラ（Chakra）という語は、サンスクリット語で、「輪」を意味し、文学的な表現をすれば「法の輪の回転」を意味する。桐山靖雄先生はこれを「車輪の中心から八方に放射状に出ている支柱、すなわち〝輻《や》〟をあらわす」ものであるという。「しかも、それは輻《や》そのものでもなく、輪でもなく、放射状に放射する〝波動〟である」という。

チャクラ（Chakra）には次の七つが知られている。

一、ムラダーラ（Muladhara）チャクラ（英名：Root or Basic　Chakra）
対応する内分泌腺および臓器：性腺、腎臓

二、スヴァジスターナ（Svadhistana）チャクラ（英名：Spleen or Splenic　Chakra）
対応する内分泌腺および臓器：副腎、膵臓

三、マニピューラ（Manipura）チャクラ（英名：Navel or Umbilical　Chakra）
対応する内分泌腺および臓器：太陽神経叢（Solar　Plexus）
副腎、膵臓、脾臓、胃、肝臓

四、アナハタ（Anahata）チャクラ（英名：Heart or Cardiac　Chakra）
対応する内分泌腺および臓器：胸腺、心臓、肺臓

五、ヴィシュダー（Visshuddha）チャクラ（英名：Throat or Laryngeal　Chakra）
対応する内分泌腺および臓器：甲状腺、上皮小体（副甲状腺）、唾液腺

六、アジナー（Ajina）チャクラ（英名：Brow or Frontal　Chakra）
対応する内分泌腺および臓器：脳下垂体

七、サハスララ（Sahasrara）チャクラ（英名：Crown or Coronal　Chakra）

対応する内分泌腺および臓器：松果腺、松果体、視床下部

桐山靖雄管長はこれに加えられて、手の部位にムドラー（手印）チャクラの存在を発見されておられる。これらのチャクラの詳細な機能に関する説明は、先に述べた書籍を参考にしていただきたい。

筆者は、キリスト教学上の修行と行法を通じて、「聖霊」の恩化という形で、これらの一つ一つを体験していくわけであるが、後述するように、日々の生活を通して一歩一歩前進していくもので、かつこれは永遠に継続するものであり、現在の筆者の内部でも絶えず進行中のものである。現在、筆者はサハスララ（Sahasrara）チャクラまで体験しているという自覚がある。

あるとき、筆者は瞑想しているとき、急激に世界的規模に拡大する経験をした。すると、ちょうど左の目で東京を見つめ、右の目でニューヨークを見つめるという感じになる。もちろんこのときには、肉体の死を超克しており、魂は永遠の世界に吸蔵されているわけである。

アジナー（Ajina）チャクラについては、[2]ヨーガ・スートラに次のような説明がある。

「心の発現にそなわる光をあてることによって、どんな微細なものでも人目につかぬところにかくされているものでも、はるか遠くにあるものでも知ることができる」。

すなわちテレパシーの能力が発生する。それと共に、願望成就のチャクラともいわれ、熟達すると自然に命令してこれを自在に動かし、自由に支配することが出来るようになる。具体的に言うと、次の八種の自在力が発生する。

一、身体を極限まで小さくして岩などを自由に通り抜ける力
二、体を大空いっぱいになるほど大きくする力
三、蓮の糸や綿くずよりも軽くなる力
四、望みのまま月にでも指をふれることができる力
五、自分の意志するままにどんな事柄でも実現できる力
六、世界を創造し支配する力
七、万物を自分の意のままに従わせる力
八、大地のように身を重くすることができる力、あるいは自分の意欲の対象を必ず手に入れることのできる力

まさにすべてが恐るべき力である。筆者にこのすべてをただ今ただちに求められても、答えは「NO」であろう。ただ、そのような世界に向けて進化の途上にあるというべきである。確実なのは、第三の天ともいうべき、火焰性の天界ではこれらのことがすべて可能であるということである。

サハスララ（Sahasrara）チャクラについては、桐山靖雄管長は次のように説明しておられる。

「このチャクラはすべてのチャクラを統合してこれを自由に制御する。すべてのチャクラを自由に制御することができるようになると彼は変身する。昆虫が全身を覆うかたい表皮を次第に溶かし、しなやかな、しかし丈夫な羽翼を自然につけて、空飛ぶ蝶に変態するごとく、彼はヒトから別の生物に変身する。三次元生物のホモ・サピエンスから四次元生物の超・ヒト、ホモ・エクセレンスに変身する。ヨーガではこれを聖なるものと一体になる、と形容した。このチャクラを聖霊が宿り、聖霊と交流するところである、といっている。このチャクラを完成した修行者を、超人（アデプト）、大師（シッダ）、救済者（ターラカ）と呼ぶ。超人（アデプト）は物質世界を超越し、時間と空間の制限を受けない」。

ある夕刻、ロサンゼルスにかかるハイペリオン・アヴェニュー・フリーウエーの橋梁のふもとで、アンジェルッチ・オーフェイオ・マシューの前に現れた、異星から訪れた宇宙人ネプチューンことアストラこそまさにその一人であろう。

地球人類は、はるか宇宙的な過去において、現代、火星と木星の間に存在し、軌道が確定され登録番号が与えられている小惑星は八千九百八十個にのぼる小惑星からなる小惑星帯に位置し、かつてルシファー星と知られ、この太陽系で最も輝ける進化した惑星の住民であった頃、このような超人（アデプト）として生活していたことを、このアストラから教えられるのである。

また、ジョージ・アダムスキー著の「宇宙からの訪問者」（「Flying Saucers Have Landed」と「Inside the Space Ships」）（ユニバース出版社、久保田八郎訳）、と村田正雄著の「空飛ぶ円盤と超科学」（白光真宏会出版部）および「宇宙人と地球の未来」（白光真宏会出版部）に描かれる金星人はおおむね、この超人（アデプト）的状態で生活していると考えられる。

インドのすばらしいヨギ、パラマハンサ・ヨガナンダーの著「あるヨギの自叙伝」のなかに記述される、アヴァター・ババジもこのような超人（アデプト）の典型的な一人であろう。彼はすでに、ほぼ二千年の年齢を有し、ヒマラヤに居住しながら、弟子たちと共に、瞬時にしてテレポーテーションを行うのである。パラマハンサ・ヨガナンダーの霊師スリ・ユクテスワによると、

「ババジの霊的状態は、人間の理解力をはるかに超えたものだ。人間の貧弱な視力では、この大師の超絶的な星を見ぬくことはできない。アヴァターの到達している境地は、普通の人間には想像も及ばないものだ」

ということである。

第二章　霊性の覚醒

前述したように、小池辰雄先生はその最後の著書「聖書は大ドラマである」の中で、聖書で通常「悔改」あるいは「改心」と訳されている、メタノイア（μεταvοια）という原語を「天国回帰」という名訳を施され、これを見て私はわが意を得たりとばかりに莞爾としたものである。この名訳をもってすれば、マタイ伝第四章第十七節の主の御言語も、「天国回帰せよ、天国は臨接せり」と、明確なる訳と変わりうる。それで私もこの名訳を用い私の信仰告白を行い、後続する霊的探求者の御参考に供したいものだと思いここに記述することにした。

おおよそ、真のキリスト者とは二回誕生することによって発生するものであって、一回誕生しただけでキリスト者と称することは誤りである。このことはその人が、どのように身分の高貴な人、例えば日本銀行の総裁であったり、どのような博学の学者あるいは巨大な教会の牧会者であってもしかりである。一般にクリスチャンと称する人々が一回だけの誕生のみで信仰努力を行い、思索研究する姿を拝見したり、中には神学研究に熱中して、やがて牧師となり、あるいは社会運動をする人もいるが、それはその努力は多としても、その人が一回の誕生のみである限り真のキリスト者とはいえない。

それは主イエス・キリストの次の御言葉によって明確である。ヨハネ伝第三章第三節に

「よくよくあなたに言っておく。誰でも新しく生まれなければ、神の国を見ることはできない」

とある。

また、同三章第七節に、

「あなたは新しく生まれなければならないと、わたしが言ったからとて、不思議に思うには及ばない」

と明言されている。

第一回の誕生と第二回の誕生の間には、私の体験では、雲泥の差が存在するのであって、一般に聖書の聖言は、第一回の誕生だけではだいたい意味不明で、何のことかさっぱり分からないのが普通である。

しかし第二回の誕生を体験すると、こつ然として乳児がその母親の乳房に含むがごとくすべてが明明白白と変わる。だがなかには、よく第一回の誕生の人の中でも頭脳明晰の人がいて、聖書の聖言をこねくり回したり、あるいは論理的に展開する人がいるが、ある時はそれは噴飯ものであり、ある時はそれは驚愕を与えるごとき代物となる。

ある時私が、元東京大学教授であり、かつ無教会キリスト教の雄、小池辰雄先生の集会に出席していたとき、女優の石倭今日子さんが、

「茶谷さんはどうして信仰にはいられたのですか」

と尋ねられた。

私は言下に「『哲学すること（Philosophieren）』によってです」

とお答えすると、彼女は吃驚《びっくり》して私を見上げられるので、私はニッコリと微笑みをお返しした次第である。以来、私の霊的体験を主様の前に告白し後続する人々に御参考を提供したいと願うようになったものである。

一九五五年（昭和三十年）、フランスのカトリック系のミッションスクールで、東京の暁星高校の姉妹校にもあたる海星高等学校卒業後、約一カ月を経過して九州大学工学部の入学通知を受け取った私は、当時住んでいた長崎県西彼杵郡茂木町から母の故郷、同県北彼杵郡江之浦村まで短い旅をした。

「お休みなさい」と祖母に言われ、その日、早めに床についた私は、その頃私の上にもやもやと到来していたある種の思考を明確にしておきたいと心に深く決意していた。

床につき静かに瞑想していると、私の前に海が現れてくる。「ああ、海だなあ」と思う。次にまた静かにしていると山が現れてくる。「ああ、山だなあ」と思う。すると次に山と海が接近して重なる。山と海を見つめつつ、私の意識は自然と山と海との境界部に移っていく。山と海との境界、その境界は果たしてどうなっているのだろう。どこまでが山で、どこまでが海なのだろうか。私はいつしか波打ち際にたたずんでいた。砂浜。どこまで陸地は続くのだろう。私の意識は陸地を通って砂浜にたどり着く。そして海がくる。私の意識は海の上を走っていく。やがて海はいつしか陸地に至る。一体、海と陸地との境界はどこにあるのだろうか？　私の意識は静かに分子構造の中に入っていった。海とは何か。

一つの分子構造の形である。その主成分H_2Oは、水素と酸素との結合体である。ところで陸地とは何か。やはり分子構造の世界。おそらく金属酸化物の結合体。すると陸と海との出合いにおいて分子化合物間、原子結合間の出合いとなるであろう。その時、私が分子という人間であった場合、あるいは酸素原子であると想定した場合、果たしてこの両者の間に差別を設け、識別できるだろうか。決して両者の間に明確な概念を持つことはありえないであろう。

しかし、現実に戻ってみるとどうであろう。そこには疑いもなく明確に山と海があるのだ。何という不思議なことがあるのだろうか。ひるがえって私はこの推理を、自分自身に適用してみることにした。自分はどこまで自分自身であるのだろうか。つま先の一寸まで考えてみる。皮膚の最先端を考えてみる。

皮膚の最先端のどこまでが自分なのであろうか。おそらく皮膚タンパク質の最先端において、空気と接触するであろう。その時原子配列はどのようになっているだろうか。私の所有と思っている原子の配列と空気の配列、そこにどれほどの変化を設けることができるだろうか。原子構造の密度の異なる連続した流れがあるのみではないのか。

しかし、自己に戻るとき、明確に自己を知り、かつ空気と離別することができる。原子的連続体の世界と、これを超える自己の存在そして山と海の原子的連続体を超える存在。この認識の対立、拮抗の思念の中において、私の体内に突然、神の火花のスパークが横断したのである。私の胸がググッと引き上げられ、瞬時にして神を告知された。ごう然たる宇宙の響きと共に、宇宙に神が存在することを、私の魂が認識したのである。原子構造が織りなす自然界の連続面に、それに拮抗するかのように、別個の存在系を投下している、神的存在に抵触したのである。

おそらく私は無意識界において次頁にあるような、小池辰雄先生の説く福音の二大焦点、十字架の砕けと聖霊における空間的亀裂を体験したのであろう。

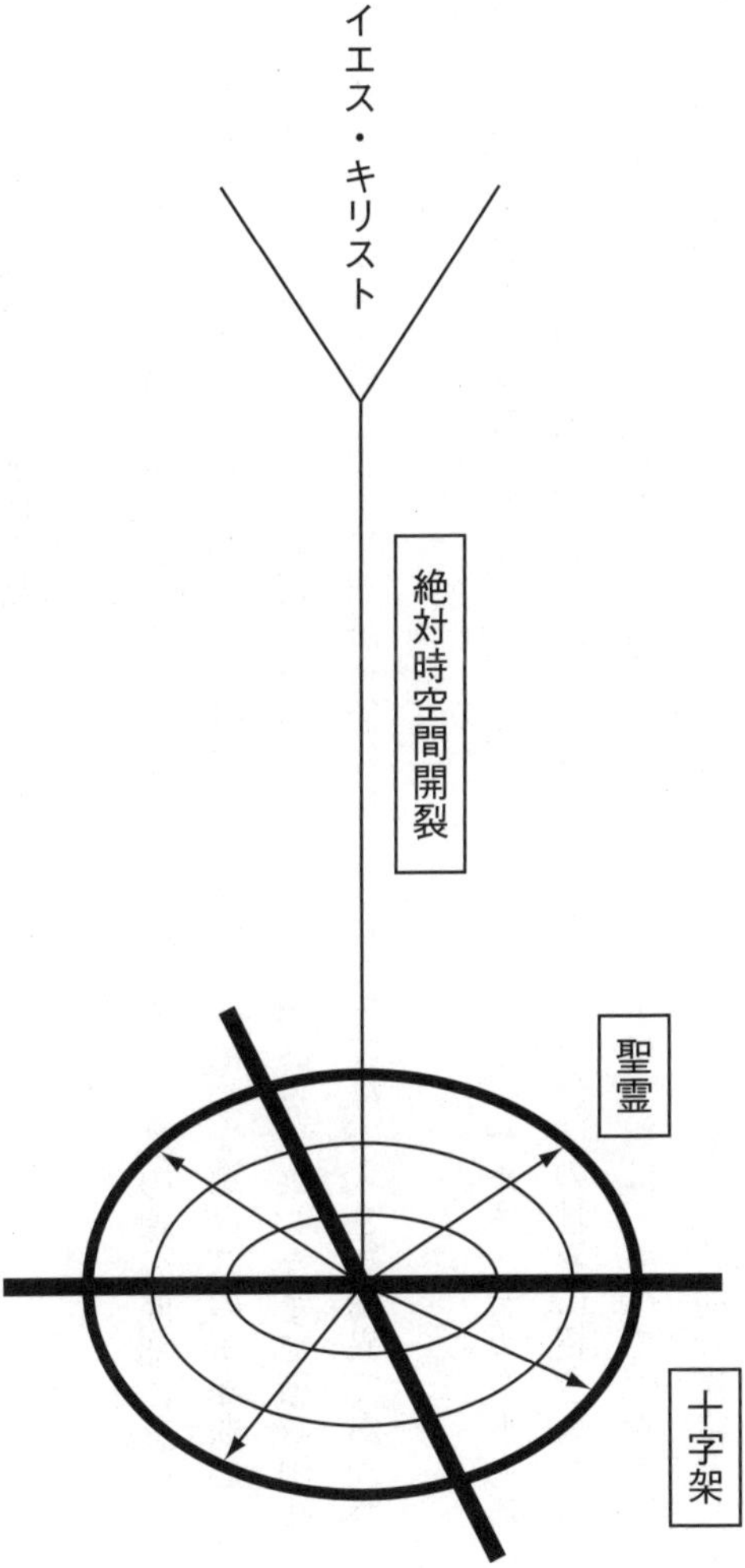
イエス・キリスト
絶対時空間開裂
聖霊
十字架

十字架すなわち私の解釈では、絶対時空間開裂には、聖霊が奔流化して存在している。私は無意識界において、それに抵触してしまったのである。ついに、その一刻、私の生涯にわたり、止まることなく進展する生態的変換が開始されたのである。

私の魂は突然広い空間に移され、深い平安が私の胸に漂い、私の魂の底部において、嫋々《じょうじょう》と一つの音楽が鳴り始めたのである。それは有名な映画『危険な遊び』の主題歌となったスペインの古曲、「愛のロマンス」に酷似していた。また、この時点以来、今まで讀解困難であった哲学書がまるで小説を読むように讀解可能になっていたのには、大きな驚異であった。

樹々に天使が戯れる気配が感じられ、インマヌエル・カントやルネ・デカルトあるいはアンリ・ベルグソンといった映像が私の前に現れ、あたかも私を哲学の世界に招き入れるようであった。ドイツの青年心理学者として著名なシュプランガーによれば、すべての青年は青春の一時期必ず哲学者になるそうである。ただ多くの場合、それは青春の一時期の現象として経過するのだが、ある人々はそれが生涯続く特性となるのである。

それからしばらくの間、私にとってキルケゴールの「死に至る病」が、私の愛読書であった。私の胸に嫋々と奏でられ始めた彼の音楽は、常時いつしか私を深い思念の中に引きずり込んでいくのである。この音楽こそが、ちょうど北欧に伝わるようなメルヘン、一本の縫い針がある一人の子供をとある森を案内し、ついに一つのとある魔法の小屋に導いた物語ように、私の霊師となる手島郁朗先生の下に導くのである。そして手島郁朗先生にふれるやいなや、その音楽は雲散霧消し跡形もなく消えていくことになる。これに似た体験をしたのが、あの「あるヨギの自叙伝」を著したパラマハンサ・ヨガナンダーであった。その著「あるヨギの自叙伝」の中に次のような記述がみられる。

彼は、一八九三年一月五日インド東北部のヒマラヤに近いゴラクプールに生まれる。幼名をムクンダ・ラール・ゴーシュといった。彼の父母はベンガル人でクシャトリヤ（士族）の出身である。彼の母もサドウー・スンダル・シングの母親と同じく宗教的に敬けんな女性であった。彼女は次男のムクンダをヨギとして育てるべく日夜祈りを続けていたわけであるが、彼女たちがパンジャップ州のラホールに住んでいたころ、ひとりの聖者の来訪を受けるのである。その聖者は彼女の生命がまもなく消滅することを予告すると共に、彼女にある銀の護符を保管するように依頼する訳である。そして曰く、

「その護符をきょうお渡ししないで明日あなたが瞑想している時に、それをあなたの手の中に物質化してあげましょう。その護符はムクンダがあらゆる世俗的欲望を捨てて、ひたすら神の探求に専念する用意ができた時に渡さねばなりません」。

そして翌日の晩、彼女が手を組んで瞑想していると、果たしてあの行者が言った通り、銀の護符が彼女の手の中に物質化されるわけである。彼女は冷たいなめらかな感触でそれとわかったと述懐している。

しかし、彼がその霊師スリ・ユクテスワに出会う直前、その護符は跡形もなく消えてしまうのである。ムクンダすなわち後年のパラマハンサ・ヨガナンダーはこの英知あふれる霊師スリ・ユクテスワについて霊修を集中することになる。

そしてスリ・ユクテスワから、「護符がなくなったことは、悲しまなくてもよい。あれはもう役目を果たしたのだから」という忠告をいただくわけである。ちょうどそれと同じく私の場合には、嫋々と響きわたる霊の音楽がその役割を果たし、手島郁郎先生に触れたとき、それは雲散霧消し、その代わり煌々《こうこう》たる霊光が真《まこと》に輝き出すのである。

このパラマハンサ・ヨガナンダーは、師スリ・ユクテスワのもとでの霊的訓練の後、一九二〇年八月アメリカに向けてたち、インドの伝統の中に深く秘せられていたクリア・ヨーガをアメリカおよび全世界に公表することになるのである。

第三章　友情、哲学的交友を求めて

阿蘇火山帯を構成する阿蘇高原と共に、九州のもう一つの尾根を形づくる九重高原から西に向かって一つの河、筑後川が流れ出し、一大平野である筑紫平野形づくりつつ有明湾に注いでいる。その平野の中腹に久留米市があり、世界的に有名なブリヂストンの本社工場などもある。この久留米市の側面を筑後川がかすめつつ、ここで筑後川は二つに大きく分岐し、真ん中に中州を形成している。

ここに旧久留米経済専門学校の旧舎屋があり、十数軒の農家が散在していた。終戦後、新制大学制度が開始された時、九州大学はその教養学部として福岡市の六本松と共に、この旧舎屋を教養学部の分校場として借用していたわけである。この分校場には、主として福岡県外から来た学生が収容されていて、新制には珍しく、旧制高等学校と同じく全寮制で、学生の自治によって運営されていた。

昭和三十年といえば、戦後十年目である。すべてはまだ貧しく素朴であった。長崎県からやってきた私は福岡県外の学生と共に、この分校場に回され、そこで約半年過ごすことになっていた。長崎の母の故郷で、一つの霊界的革命を体験した私は、工学部の学生としては少々変わった学生として入学していた。胸に響き始めた音楽は鈍ることなく私の衷に常に奏でられていた。それは郷愁に富み、夕べの頃、静かにたたずむ私を深く思索の海に引きずり込んでいくのであった。私は静かに種の生理学的生物学的変換を開始しつつあったのである。

久留米市の側面をかすめる筑後川は、両河岸に沿って高い土手を造り、放課後、学生達が散歩し散策するのに心地よい場所を提供していた。月光の降りしきる夜半、この土手の上を散歩するのは誠に快適な、思策を誘う雰囲気であった。そういう時、私は必ずリルケの詩集を手にしていた。それはまさに青春の一時、ハンス・カロッサのいう「麗しき惑いの年」であった。

ちょうどその頃、私に一つの大きな渇望が突然襲いかかった。それは、「哲学する友」を求める渇望である。この友を求める渇望は癒し難く胸をしめつける想いで、ただひたすら、友の出現を待ち望んだ。そして忘れもしない、第一学期が終了したある日、全学生が久しく始まる夏休みに故郷に帰る歓びでわき返っていた。私も故郷に帰る準備で洗濯をするため洗濯場へ急いだ。すると横で一人の学生が私の側で洗濯をしているのに気がついた。彼は以前から、私が友人に成りたいと、何気なく気をつけていた学生であった。

後半、交友を進めていくうちに、彼こそは手島郁郎先生の御長男、寛郎大兄の友人で、熊本市から九州大学の工学部の学生として入学してきている、壱岐哲夫君（生命の光誌五三四号参照）であることを知るのである。彼は、元々、中学、高校時代、寛郎大兄のラジオ友達で、それが機縁となって信仰に導かれ、すでにその内面において、「天国回帰」の一つを体験している学生であった。

私は横に並んで洗濯をしながら、この時を除いては、彼と接触する機会は二度と来ないのではないかと直覚した。私は胸躍らせつつ、大胆に切り出した。

「貴方はゲーテが好きではありませんか」

私は、高校時代に愛読したゲーテの「ヴィルヘルム・マイスターの徒弟時代」と同じく、その「ヴィルヘルム・マイスターの修業時代」を思い出しつつたずねてみた。

するとと彼は答えて曰く、

「ゲーテは私の愛読書です」

万歳！　これで第一関門突破だ。続いて第二問。

「私はいまだロマン・ロランのジャンクリストフを読んでいないんですけど、貴方は読みましたか」

彼はこれに答えて曰く、

「私は全部それを読了いたしました。私の家に全巻揃っていますから、よろしければ、今回夏休みで家に帰ったとき、それを持ってきましょう」

ということであった。廊下をつたって部屋に帰りつつ、私が渇望していたかの「哲学する友」をついにつかんだのではないかと直覚し、私の心に大きな歓びと、平安が臨んだ。

夏休みが明けると、彼は約束通りロマン・ロランの「ジャンクリストフ」を持って帰ってきた。それは豊島与志雄訳の岩波文庫版であった。一冊、一冊、彼からこの書籍を借りつつ、彼と私の間に、哲学的交友が交わされていった。最初の頃は、彼は信仰のことは何も語らなかった。おそらく彼のほうでも、私をじっと観察していたに違いない。

私達は間もなく、旧久留米経専の舎屋を去り、福岡市六本松にある教養学部に合流した。閉校式には有名教授の向坂逸郎氏が壇上に立って挨拶をした。

「閉校式はまったく珍しいものであるが、貴君達はこれを体験しつつある。云々」。

その後に彼の生涯の回想が続いた。福岡市の六本松に移ってからも、彼との哲学的交友は続いた。その頃には、彼は自分がキリスト者であり、熊本で自分は一つのグループに属していることを語った。

ところで翌年（昭和三十一年）の春休み、故郷に帰って彼から借りてきたジャン・クリストフの一節を読みつつ、私は一つの不思議な体験をした。

それは第七巻「家の中」の冒頭にある一節である。

「俺には一人の友がある！　苦しいとき寄りすがるべき一つの魂を、あえぐ胸の動悸が静まるのを待ちながら、やっと息がつけるやさしい安全な一つの避難所を見出したという楽しさ！　もはや一人でない。

疲れて敵に渡されるまで、常に眼を見開き不眠のために充血さしながら、たえず武装していることも、もはや必要でない。自分の全身を向こうの手中に託し、向こうでもその全身をこちらの手中に託した、親愛なる伴侶があるのだ。ついに休息を味わい、彼が見張ってくれる間は眠り、彼が眠っている間は見張ってやる。子供のようにこちらを信頼しているなつかしい者を保護してやるという喜びを知る。

向こうに身をうち任せ、あらゆる秘密を知られているのを感じ、勝手に自分を引き回されるのを感ずるという、さらに大きな喜びを知る。多年の生活のために老い衰え疲れていたのが、友の身体のうちに若々しくはつらつと生まれかわり、新しい世界を友の目で眺め、この世の一時の美しいものを友の官能で抱きしめ、生きることの輝かしさ友の心で楽しむ……。苦しみをも、友と共にする。

ああ、友といっしょにいさえすれば、苦悶までが喜びである！

俺には一人の友がある！　自分の遠くに、自分のうちに、友がある。俺は友を所有し、俺は友のものである。友は俺を所有している。とけあって一つの魂となったわれわれの魂は、愛に所有されているのだ」

私はこの一文を読んだとき、込み上げる感動に抗し難く、突然「ワッ」と泣き出したのである。泣き出して、それが終わったとき、私は久しぶりに快く泣いたことを思い至り、ふと私は、胸の周囲がキリキリと痛むと共に、そこに一つのヒンヤリとするある実体が漂うのを知覚した。後で知るのであるが、これこそ古代リグ・ヴェーダ、あるいはウパニシャード等のヨーガに関する文献にあるアナハタ・チャクラの開設であった。この事実は、後日、手島郁郎先生に触れて、メタノイアすなわち、明確な「天国回帰」を経験する時に明らかになるのである。

前述のとおり古代ヨーガ文献によると人間には七つの『チャクラ』があるとされている。このチャクラは「法の輪の回転」とも訳され、現代医学的にもその対応関係が研究され、「チャクラ」の位置する部位は人体のホルモン分泌系の特殊臓器が対応していることが明らかになっている。このアナハタ・チャクラは心臓の部位に位置し、一命、心臓のチャクラとも呼ばれ、医学的には心臓神経叢（Cardiac Plexus）が対応している。アナハタというのは「止まることがない」という意味で、「超次元性すなわち無限無量」ということである。ヨーガ文献によると、アナハタ・チャクラが目覚めた個我はカルマ（聖書でいう原罪）から自由であり、同時にこの世的カルマの世界をコントロールし、自らの意志によってカルマの世界でその願いを成就できる。

このアナハタ願望成就のはたらきは、アナハタ・チャクラにある希望の樹、常緑の樹によって象徴されるという。しかし、アナハタを目覚めさせた人は、自らの願望をこの世で成就できるが、その願望が善なるものでも悪なるものでも成就できるので、アナハタを目覚めさせた人の重要な注意事項があるといわれる。

以下は現代インドのヨーガのグル（指導者）、サッチャナンダの言葉である。すなわち「希望に満ちた楽天家であって、悲観主義であってはならぬ。その身体、心、霊の雰囲気において、自分はもちろん、他人や周囲の人々と平和でなければならぬ。たとえ世の中が矛盾、抗争、悪意に満ちていても、ヨギは平和と安らぎを心に感じられなければならぬ。またいかなる事柄、いかなる人に対しても、否定的、消極的であってはならぬ。すなわち、殺人者、放蕩者、遊び人であっても、自分にとっては善人であると思わねばならぬ。（中略）このように楽天的かつ一切を善とみなす態度こそは、アナハタを目覚めさす行法である」。

福音書中の主イエスの御振る舞いこそは、まさにその典型であろう。

手島先生や小池先生にもその雰囲気を見る。

アナハタ・チャクラを目覚めさせた者には、次の能力が発生するといわれる。

（1）空気と風をコントロールできる。
（2）個人的でない宇宙愛が目覚める。
（3）雄弁になる。
（4）詩的天才が開花する。
（5）願望、意志を現実の世界で実現する力が発生する。
（6）触覚をコントロールする。したがって神癒が可能。

チャクラにつき、さらに詳しく研究したい方は、宗教心理学研究所所長（文学博士）である山本博氏の著「チャクラ、異次元への接点」を是非紹介致したい。

第四章　霊師との出会い

「わが愛する者の声が聞こえる。見よ、彼は山を飛び、丘を踊り越えてくる」(旧約聖書雅歌第二章第八節)

昭和三十一年の春、春休みを終えて大学二年生になったある一日、遠くから近づいてきた友人の壱岐哲夫君は、近づくや否や、

「茶谷君、今年も阿蘇山で恒例の聖書講筵会があることが分かりました。貴君の名前も申し込み、会費もすでに私が立て替えておきました」ということであった。

ああ、ついに時来る。驚きと大きな歓喜が私のうちに沸き上がってきた。ついに出撃だ。前

進するぞ。それから私は毎日睡眠前に三十分ずつ祈ることを始めた。また、ギデオン協会配布の聖書を、感謝を持ってマタイ伝から読み始め、マルコ伝までさしかかった。待望の八月三十日、いったん春休みで帰省していた私は、母に短い旅に出ることを告げ、故郷の長崎を発ち、友人の故郷、熊本市に向かった。

長崎本線を鳥栖で乗り換え、鹿児島本線を下り、熊本駅に着く。彼に迎えられ、彼の実家に着く。夕刻ふと窓をノックする音を聞く。すると、壱岐哲夫君の友人、手島寛郎大兄が立っていた。明日の門出を祝し、葡萄酒で一杯乾杯しようという。彼は脇に葡萄酒の瓶を一本抱えていた。壱岐君が私を紹介すると、「貴君のことは、壱岐君からすでによく伺っています」という。杯に葡萄酒を満たして、三人で乾杯をした。

翌、一九五六年八月三十一日、その時私は二十歳になっていた。早朝、熊本駅より阿蘇行き豊肥線の列車に乗り込む。昨日の寛郎兄も同席である。

突然、寛郎大兄が車窓より身を乗り出して、「Das Licht（光）、Das Licht（光）」と大声をあげている。何事ならんとのぞくとそれは、当時電電公社（KDD）に勤めていた甲斐陽夫大兄に御子息が生まれ、それに手島先生が「光」という命名をされ、彼がDas Licht（光）と叫んでいたのである。

この「光」の命名は、手島先生による幕屋的命名法の嚆矢《こうし》をなすもので、この後、私の子供に対しても、長女にヘレナ（ジュピター神の妃ヘーレ女神にちなむ）、長男に雷光（使徒ヨハネ、ヤコブの霊名ボアネルゲにちなむ）、次女に静（幕屋女性伝道者、中野静先生にちなむ）という秀越なる命名をいただくのである。


一九五〇年（昭和二十五年）の小池先生の霊の旅路に継ぎ六年後、私は同じ道程を阿蘇山へ向かって奇しくも旅立ったのである。やがて阿蘇垂玉温泉のふもとの駅に着く。駅頭で手島千代子奥様にバッタリとお会いする。御挨拶をすると、

「貴方のことは、壱岐さんよりよくお伺い致しています」

というお答えであった。

阿蘇高原、垂玉温泉へと出発。当時は戦後十年の頃、バス交通はまだ開通せず、老いも若きも徒歩で登坂に努めた。約一時間の行程で目的の会場、柴田旅館に着く。小池先生「天国回帰」ゆかりの古宿滝見荘は、あいにく改修中で休館になっていた。

今年初めて百名突破ということで、全国から百二十名の者が参集していた。集会は三時から

開筵ということで、それまでわれわれ学生部隊は次々と到着する人々を手助けするため、数回坂道を上下して奉仕行に励む。この奉仕行が終わったのが午後二時頃、まだ時間があるので「滝浴び」に行こうという。何気なくついていくと、まさに仰天した。五十メートルくらいの頂から滝が滝壺に降下している。すでに寛郎大兄がその中で雄叫びして祈っている。隣の壱岐君はどうするのかとじっと見ていると、さっさと服を脱ぎ、下着一枚になって滝壺に入る。

私も遅れじとばかり滝壺に入る。瞬間、「あっ」と呼吸困難になる。これが原始福音で後、有名になる「滝行」というものであった。瞑想して合掌する。ややあって、壱岐君が私を引き出してくれる。

午後三時、ついに、生涯の分水嶺となる第十回阿蘇聖書講筵会が始まった。司会は海軍兵学校出身で九州学院高校の教師であった武藤嗣男氏であった。まず聖書購読、それから賛美歌の斉唱。賛美歌は賛美歌集二百十六番、「ああうるわしきシオンの朝」が選ばれた。私はこの賛美歌を聞きながら、深く祈りの中に入っていった。場所は柴田旅館の大広間、百二十名の中程に私は座っていた。

通常の日本人の通念として、賛美歌はそれまでの私に縁遠いものであった。初めて聞く祈りを込めた賛美歌の声に驚くとともに、その清らかな歌声に、驚嘆をもって聞き入った。祈るとも、歌うともいわれぬ賛美の中で、数名の女性が突然、霊歌で歌い出した。

「ああ何という麗《うるわ》しき声であろう！」、ああ何という不思議な天の調べ。

小池先生が「エン・クリスト」（一九九一年五月刊・特別号）において述べておられる、「二十名ほどの女性たちが期せずして霊歌の合唱、天与の異言の調べなんぞ美しき、天使らがこれに和して歌っていたろう」。

私が恍惚としてこの神秘な歌に心を奪われていると、その瞬間、私の上に火の柱が立って、神の霊が私に臨んだのである。私の底部に眠るクンダリーニーが目覚め、体内のスシュームナー菅を通じて天に拡大された瞬間であった。それはちょうど、使徒行伝二章二節に記述される状況そのものであった。

「突然、激しい風が吹いてきたような音が天から起こってきて、一同が座っていた家いっぱいに響きわった。また、舌のようものが炎のように分かれて現れ、ひとりびとり上にとどまった」。

小池先生も同じく、「エン・クリスト」同号に述べておられる。「突然、天来のみ霊の光に貫かれ、体がその瞬間宙に浮き、全身聖霊にしびれ異言爆発！」。

全身が百万ボルトの電源に接触したごとく全身がしびれ、私は突然、「ワッ」と大声を発して泣き始めた。それは、新生児が母親の胎を破って自然界に躍出したとき、その全存在を賭して、その諦鳴をもって新生存を全世界に告知する、あの泣き声ににていた。

私は唯々、「神様、神様、許して下さい」と祈っていた。それは出エジプト記第三章第二節「そのとき主の使いは、しばの中の炎のうちに彼にあらわれた。彼が見ると、しば火に燃えているのにそのしばは、なくならなっかた」その同じ火が私の体内に明々と燃え上がったのだ。

これこそキリストが、ルカ伝第十二章第四十九節にあるように、「我火を地に投ぜんために来たれり。火すでに燃えたらんには我何をか望まん」といわれし火は、この事実であったのである。

いつの間にか、霊師・手島郁郎先生が私の後ろに立っておられた。そしてその手を静かに私の上におかれ、私の腸《はらわた》に響きわたるような声で言われた。「茶谷君、ただ今、君の上に聖霊が下ったのである。君は今後、全日本にとどろきわたる前人未踏の大発見をするであろう」とおごそかに預言されたのである。

ああなんとおおけなき大恩恵なのであろうか。さんぜんと流れる涙の中で、神の前に、ただ深く拝跪《はいき》したのである。

後日、小池先生により「手島さんはね、そういうときは、彼は決して間違わないものだよ」という御発言をいただく。それから三日間、私は神の歓喜ゆえの涙の慟哭《どうこく》のうちに過ごすことになる。

後年、現在のキリスト教会と称する圏内および外部より、第一回誕生経験主体と思われる牧師、自称信徒や実業家の御連中が大挙して原始福音運動に訪れ、彼らなりの生活習慣と彼ら独流の経験、判断、論理に基づく生活空間を原始福音内に広げた。一般キリスト教学に基づく生活法が確立され、これに加えて第二回誕生の未発達の青年男女諸兄姉が彼ら、第一回誕生経験主体者に基づいて脱兎のごとく行軍を開始したとき、われわれ第二回誕生経験者が、まずもって理解困難となり、強力な誹謗《ひぼう》、譖謗《ざんぼう》、無視、無理解が加えられ、あまつさえ「天国回帰」さえ疑義をもってみられるようになるのである。

すなわち、第一回誕生経験主体者による生活抗力があまりに増力し、初代キリスト教会とちょうど同じように、第二回誕生経験者、つまり真のキリスト者にとっては共同生活上の困難が起こることになる。この相互間の不理解と誤解の障壁は、越えるには衝撃的に高く、私にとって最深愛の女性、妻と長女がこれに驚きと当惑のあまり天に帰還してしまったのは、シェークスピアの悲劇「マクベス」、「リア王」に匹敵する大悲劇となる。ああ、誰がこのような運命に耐えられるであろうか。誰がこのような運命に踏み込められるのか。

「叫び泣く大いなる悲しみの声がラマで聞こえた。ラケルはその子らのためになげいた。子らがもはやいないので、慰められることさえ願わなかった」。（マタイ伝第二章第十八節）

しかし最も苦悩を惹起《じゃっき》するのは、教友の裏切り、相互不信の問題である。けだしこれはすべて人格の底部を形成するものこそは「信」であるからだろう。第一回誕生経験主体者と第二回誕生経験者、すなわち真のキリスト者との生活感覚には雲泥の差がある。かかる疑惑が濃厚に投与されたとき、私の意識は静かにこの「天国回帰」のおごそかなる証言の時点に帰りいき、御霊の賢さを心ゆくばかり讃えたのである。なぜならばヨハネ伝第八章第十七節には次のように記されている。

「あなたがたの律法には、ふたりによる証言は真実だと、書いてある」。

その日の夕刻、大キャンプ・ファイアーが挙行された。その前で手島郁郎先生が突然立ち上がり、北極と南極とを貫通する大声で「誰かあらん！　キリストの贖いを告白する者は！」と、叫ばれた。このような大声を発せられたのはその後も二度と起こらなかった。その前で、まだ熊本大学生であった光永俊介大兄が自己の情念からの離脱を慟哭をもって告白したのが極めて印象的であった。

翌、八月一日の朝五時頃ふと目覚めたとき、私が体知した、私の生体上に発生した変化を、私は生涯決して忘れないであろう。目覚めたとき誰もがするように、始め深々と息を吸い込んだとき、私はギクリとして気が付いたのである。私の体内からコンコンと得も言われない美味しき冷泉が無限に沸き上がっていたのである。私は突然躍り上がって起きあがり、正座して合掌した。

一呼吸、二呼吸、深く呼吸する度に、コンコンと体の腹部から汲めども尽きぬ霊泉が沸き上がってくる。これこそ、印度の古代ヨーガの文献に記された、「マニュピューラ・チャクラ」の開設であった。また、これこそ、主イエスキリストがヨハネ伝第七章第三十七節に「祭りの終わりの大事な日に、イエスは立って、叫んで言われた。誰でも渇く者は、私のところにきて飲むがよい。私に信ずる者は、聖書に書いてある通り、その腹から生ける水が川となって流れ出るであろう。これは、イエスに信ずる人々が受けようとしている御霊をさして言われたものである」。

かの蓮の博士として有名な大賀一郎博士が、昭和二十一年に、約二千年前の千葉市検見川遺跡の中に眠る蓮の実を見事に開花せしめたごとく、主イエスキリストの御言葉は、二千年の時空間を超えて私の衷に再現したのである。そして驚いたことに、春休みの時、私の体内に発生した、かのアナハタ・チャクラの部位に向かって、聖霊は移動し、ひたひたとアナハタ・チャクラを浸し、一呼吸、一呼吸と全身を新生命の歓喜で私を囲繞《いにょう》するのであった。かのインドの聖者と言われたスンダル・シングもこの体験を「最大の奇跡」と称し、この奇跡を体験した者は、すべての奇跡が可能になるといっている。

後年、私は古代密教および根本仏教を修学するように至るのであるが、その時、遭遇する、その修法に使用する「四度伽経」と称する経典の中に、まさにこの消息を活写している事実を発見し、大きな驚きに打たれる。すなわち、根本仏教は根本キリスト教に通じるということである。畢竟《ひっきょう》、仏教、就中《なかんずく》、根本仏教と称するものは、この聖書にある「天国回帰」現象を記述するものであり、これを方法論として集大成したものが、仏教経典であるということを知るに至ったのである。

想像するに、古代ノア教会の頃、東方のインド方面へ転出した一部族が古代リグ・ヴェーダやウパニシャードの原点になる文献を保有し、それが後代紀元前五世紀頃、ゴーダマ＝シッダルタにより、「天国回帰」＝解脱法として集大成され現代に伝達されているという考え方である。かく理解することにより、世界の三大宗教をすべて聖書原典に統括して理解することを、われわれは知るのである。

三日間の生涯を大分断する第十回阿蘇聖書講筵の後、壱岐哲夫君と私は地球の内部より噴き上げる硫黄泉の岩肌に身を横たえつつ、三日間の人知を超える大恩寵を回想していた。

隣で壱岐君が「茶谷君はやっぱりここに来る人だったんだなあ」と静かに語った。私は深い感謝をもって友人を見つめつつ、ふと目をあげると、大阿蘇の懸崖を覆う針葉樹の一本一本が焔と化し光に満ちあふれ、全山が光の鼓動に包まれて、私に「おめでとう！　おめでとう！　よかったね！　よかったね！」と告げているのが聞こえてきた。それを聞きつつ、私の両頬より熱い涙が、地底から湧出する原性的な硫黄の岩盤にとめどなく流れ落ちていった。キリストが、当時の国会、サンヒドリンの議員であるニコデモに対して指し示した、人類の天国回帰すなわち再生とは、かかる現象をさしていわれたのである。

かの著名なフランスの古生物学者でかつ、カトリックの神父であったテオドール・ド・シャルダンも、現在人の人類学的学名、ホモ・サピエンスに対し、ホモ・シュペリオール（高次元段階人類）の到来をその学的研究の帰結として予告している。

第五章　特命を受けて

それから十八年の月日が経過し、一九七三年十二月二日、サウジアラビア国を宗主国とする石油輸出国機構（ＯＰＥＣ）を組織し、日本国家を含む全世界に対し、特にイスラエルを対敵国家とする叩頭外交を求めてきたとき、当時の日本政府の決定に対して異を唱えて手島郁郎先生は「イスラエル・キャンペーン」の一大抗議デモ行進を計画された(1)。

その時、全国より約三千名の教友兄弟姉妹が参集されたわけであるが、その時を同じくして、奇しくも天に召されたのがイスラエルの初代首相ベングリオンであった。本キャンペーンで共に、その偉大なる遺徳を偲ぶべく、その遺影を用意されていたのであるが、「誰をもってこの遺影を持って先頭に立たせようか」と両側にたつ、吉野正一氏と臼井義磨牧師に向かって語りつつ、天に向かってしばらく瞑目されていると、「茶谷君はどこにいる！」と突然叫びだされたのである。

私は、先頭集団の中央部で、五、六個のプラカードを持って立っていた。

すると、先生は

「茶谷君はどこにいる！」

「茶谷君はどこにいる！」

と叫びながら、近づいて来られた。

それはちょうど、明治三十七年二月二十七日未明、ロシア艦隊を旅順口に封鎖せしめるべく、撃沈する千代丸の上で「杉野はいずこ」、「杉野はいずこ」と探し求める、あの広瀬中佐の姿に酷似していた。

私を発見された時、師はちょうど東大寺金剛力士像のごとく両眼から炎を発しており、そして「そんなプラカードは捨てて、これを持って先頭に立て」と言われた。そして、「このように持つのだ」と持ち方まで御教授された。

さらに、イスラエルの初代ベングリオン首相の遺影を抱き三千名の行進の先頭に立った時、私と師の間に一つの交響楽が発生した。私は行進中師と相対峙しつつ、ただひたすらに、「汝はわが師なり」、「汝はわが師なり」と叫んでいた。

これに対し師は、幾千度も幾千度も、うなずきを大きく大きく繰り返しておられた。そして一月にも満たない十二月二十五日の早朝、迫りくるKOHOUTEK彗星にまたがり天に帰還されてしまった。


それから二十三年が経過し、私は手島郁郎先生の昇天後、手島先生の畏友《いゆう》である小池辰雄先生に師事し、さらに霊学を深く展開していたのである。そして一九九六年七月十四日の集会が終了した後、先生は、しばらく日本を離れようとしている私を喫茶店に誘い、すでに政治家たることを告白している私に対し、「茶谷君は、内閣総理大臣となり、日本国家の国体を救いなさい。」と言われたのであった。(2)

この小池先生がそれから大略一カ月後の八月二十九日、こつ然とかき消すように天に帰還されてしまうとは、何たる驚きぞ。ああ、霊師のなんと殷々たる！　世界的哲人のなんと朗々たるかな！

思えば、かのモーセが霊的政治家および預言者として救国の大命を神よりシナイ山の荒野で受けたのは、年おおよそ八十歳のときであった（使徒行伝第七章第四十節および出エジプト記第七章第七節）。

「わしは、エジプトにいるわたしの民の悩みを、つぶさに見、また追い使う者のゆえに彼らの叫ぶのを聞いた。わたしは彼らの苦しみを知っている。わたしは下って、彼らをエジプトびとの手から救いだし、これをかの地から導き上って、良い広い地、乳と密の流れる地、すなわちカナンびと、ヒビびと、ヘテびと、エブスびとのおる所に至らせようとしている。いまイスラエルの人々の叫びがわたしに届いた。わたしはまたエジプトびとが彼らをしえたげる、そのしえたげをみた。さあ、わたしは、あなたをパロにつかわして、わたしの民、イスラエルの人々をエジプトから導き出させよう」（出エジプト第三章七節—十節）。

ついに主イエスキリストの御経綸が日本において爆発し、全世界に向かってその轟音をたてて、展開する時が来たのである。

「だれがわれわれの聞いたことを信じ得たか。
主の腕は、だれにあらわれたか。
彼は主の前に若木のように、
乾いた土より出る根のように育った。
彼にはわれわれの見るべき姿が無く、威厳もなく、
われわれの慕うべき美しさもない。
彼は侮られて人に捨てられ、
悲しみの人で、病を知っていた。
また顔をおおって忌み嫌われるように、
彼は侮られた。われわれも彼を尊ばなかった。
まことに彼はわれわれの病を負い、
われわれの悲しみをになった。
しかるに、われわれは思った、

彼は打たれ、神にたたかれ、苦しめられたのだと。
しかし彼はわれわれのとがのために傷つけられ、
われわれの不義のために砕かれたのだ。
彼はみずから懲らしめをうけて、
われわれに平安を与え、
その打たれた傷によって、
われわれはいやされたのだ。
われわれはみな羊のように迷って、
おのおの自分の道に向かって行った。
主はわれわれのすべての者の不義を、彼の上におかれた。
彼はしえたげられ、苦しめられたけれども、
口を開かなかった。
ほふり場にひかれて行く小羊のように、
また毛を切る者の前に黙っている羊のように、
口を開かなかった。

彼は暴虐な裁きによって取り去られた。
その世の人のうち、だれが思ったであろうか、
彼はわが民のとがために打たれて、
生けるものの地から断たれたのだと。
彼は暴虐は行わず、
その口には偽りがなかったけれども、
その墓は悪しき者と共に設けられ、
その塚は悪をなす者と共にあった。
しかも彼を砕くことは、主のみ胸であり、
主は彼を悩まされた。
彼が自分を、供え物となすとき、
その子孫を見ることができ、
その命をながくすることができる。
かつ主のみ旨が彼の手によって栄える。
彼は自分の魂の苦しみにより光を見て満足する。

義なるわが僕はその知識によって、
多くの人を義とし、また彼らの不義を負う。
それゆえ、私は彼に大いなる者と共に
物を分かち取らせる。
彼は強い物と共に獲物を分かち取る。
これは彼が死にいたるまで、自分の魂をそそぎだし、
とがある物と共に数えられたからである。
しかも彼は多くの人の罪を負い、
とがある者のためにとりなしをした」（旧約聖書イザヤ書五十三章第一節—第十二節）。

「アーメン」「アーメン」

あとがき

文量の関係で、政治、経済に関する各論、例えば憲法に関する考察、環境に関する考察、バイオロジーの展開に関する問題等、割愛せざるをえなかった。次回の機会に譲りたいと思う。

本書で第一部から第三部にわたって論じた「経済」、「外交」、「防衛」については、それぞれの項目につき筆者に勝る多数の専門家がおられ、またそれぞれに専門研究機関が存在していることも筆者はよく存じている。

しかし、現在の世界を覆うようにして到来している、政治、経済、思想等に共通に感じられる不安定要素、および変換の予兆はあまりに顕著で疑いようのないものである。これはコンピューターの異常な発達による、世界相互間の認識問題の拡張に端を発し、通常の常識では異常ともいえる解析性の拡大にも関係しているようにみえる。

その結果、われわれが日常生活している物質的環境が果たして真にひとつの閉ざされた安定した領域であるのかどうかという問題について、ある種の正直な疑問を提出する動機を形成している。例えば脳外科の著しい発達により、ＭＲＩ（Magnetic Resonance Imagingすなわち磁気共鳴画像装置）等の分析法の併用もあって脳機能の詳細な研究がスタートしている。この脳細胞とその機能に関する研究は必ずやその背景に存在している、霊質との関連に研究が進み、世界的な規模で霊質すなわち霊域の存在に対する関心が大きく広がると確信する。

また前著でも説明したのであるが、量子力学を中心とする物質の存在に対する究極的な追究が、結論的に霊界の存在へと連結する気配を感じさせる。つまり科学的であろうとする存在の追究自体が、かえってわれわれの精神活動を中心とする霊質的存在、すなわち霊域的世界の実在を決定的に確定するという事実である。

このような観点に立って、「経済」、「外交」、「防衛」を論じたのが本書である。すなわち、霊的存在と、霊的世界の実在の上に立って「経済」や「外交」あるいは「防衛」を見た場合、それはどのような問題をはらみ、どのように解決されなければいけないかという問題である。

現在、世界を騒がせているテロ性因子も、秀越なる評論家の頭脳を超えて、おおむね異次元の悪霊的存在界から来帰している可能性がある。それは異次元からの固体投下の方法もあるし、現在文明ではまだ解明されていない、背後霊体の誘導という操作の現実も存在するであろう。

いまや世界は大きく変容しようとしている。高名な評論家であり作家である堺屋太一氏の提唱する知価革命を含めてわれわれの存在を凌駕する宇宙文明の到来を予感せしめるあるものが存在する。

主イエス・キリストも新約聖書の中で次のように言われている。

「その日、その時は、だれも知らない。天の御使たちも、また子も知らない、ただ父だけが知っておられる。

人の子の現れるのも、ちょうどノアの時のようであろう。

すなわち、洪水の出る前、ノアが箱舟にはいる日まで、人々は食い、飲み、めとり、とつぎなどしていた。

そして洪水が襲ってきて、いっさいのものをさらっていくまで、彼らは気がつかなかった。人の子の現れるのも、そのようであろう。

そのとき、ふたりの者が畑にいると、ひとりは取り去られ、ひとりは取り残されるであろう。

ふたりの女がうすをひいていると、ひとりは取り去られ、ひとりは残されるであろう。

だから、目をさましていなさい。いつの日にあなたがたの主がこられるのか、あなたがたには、分からないからである。

このことをわきまえているがよい。家の主人は、盗賊がいつごろ来るかわかっているなら、目をさましていて、自分の家に押し入ることを許さないであろう。

だから、あなたがたも用意をしていなさい。思いがけない時に人の子が来るからである」（マタイ伝二十四章第三十六節―第四十四節）。

第四部「クンダリーニーの発現」は筆者の宗教体験を物語ったものであるが、それはまた本書を執筆する筆者のスタンスを提出することになっている。

第二次大戦後におとずれた日本独特の長い平和と高度な物質文明の謳歌の中に、日本民族は多くの危機と災害の中に生活した他民族に比べ、国家的リスクに関し半歩ずれている可能性がある。われわれも是非ここで、明治時代の初期に荒々しく目覚めたように、再び目覚め、新しく迫ろうとする、宇宙的変動に向かって雄雄しく立ち上がり、その中へ突撃すべきである。

さて、本著を記述するにあたり、多くの貴重な著作にお世話になったことに改めて御礼申し上げたい。特に経済学的記述に前大阪学院大学の丹羽春喜教授の著書、外交問題の記述に中丸薫先生の著書にお世話になったことを厚く御礼申し上げたい。また、筆者は、中丸薫先生の主宰される「太陽の会」のメンバーでもあり、かつ、丹羽春喜教授が開催される丹羽経済塾の塾員でもある。

なお、本著が前著「日本人は神を発見できるか」に引き続き、株式会社たま出版のご厚意により発刊の機会をいただき、心より感謝する次第である。

注記

第一部

第一章

(1) 日本経済新聞二〇〇六年三月二十七日付号「主要30業種の動き」
(2) 日本経済新聞二〇〇六年三月二十七日付号「産業景気予測特集」特集六ページ

第二章

(1) 幻影のグローバル資本主義(下) ケインズの予言 佐伯啓思(PHP新書)一九七ページ
(2) 同 一七一ページ
(3) 同 一七四ページ
(4) 同 一七六ページ
(5) 同 一八二ページ
(6) 同 一八三ページ
(7) 同 一八四ページ

(8) 同　一八四ページ
(9) 同　一九七ページ
(10) 同　一九七ページ
(11) 同　一九九ページ
(12) 同　二一〇ページ

第三章

(1) 日本経済新聞二〇〇三年七月十二日付号「大機小機」複眼
(2) 転換期の日本経済　吉川洋（岩波書店）八ページ　図1―1
(3) 同　九ページ
(4) 同　五ページ
(5) 同　九ページ
(6) 転換期の日本経済　吉川洋（岩波書店）　七ページ
(7) 同　一二ページ
(8) 同　九ページ
(9) 同　五ページ
(10) 同　九ページ

(11) 同　一〇ページ
(12) 同　一〇ページ
(13) 同　五六ページ
(14) 同　二〇七ページ
(15) 同　二一二ページ
(16) 同　二〇八ページ
(17) 同　一九九ページ
(18) 同　二〇二ページ
(19) 同　一三ページ
(20) 同　一四ページ
(21) 同　二二一ページ
(22) 同　二二二ページ

第四章

(1) 日本経済再興の経済学　丹羽春喜（原書房）三一三ページ
(2) 同　三一四ページ
(3) 同　三一三ページ

(4) 同　三一六ページ
(5) 同　三三二ページ
(6) 同　三三二ページ
(7) 同　三三四ページ
(8) 同　五一ページ
(9) 同　二二八ページ
(10) 諸君！二〇〇二年十月号、一三四ページ
(11) 日本経済　繁栄の法則　丹羽春喜（春秋社）一三二ページ
(12) 日本経済再興の経済学　丹羽春喜（原書房）四二ページ
(13) 同　四〇ページ
(14) 同　二六六ページ
(15) 同　四四ページ
(16) 同　四六ページ
(17) 同　四六ページ
(18) 同　四七ページ
(19) 日本人のための経済原論　小室直樹（東洋経済新報社）二〇〇ページ
(20) 日本経済再興の経済学　丹羽春喜（原書房）二七七ページ

(21) 同　二七六ページ
(22) 国際テロを操る闇の権力者たち　中丸薫（文芸社）二九、三〇ページ
(23) 闇の世界権力はこう動く　中丸薫（徳間書店）一二八ページ
国際テロを操る闇の権力者たち　中丸薫（文芸社）一五二ページ

第五章

(1) 日本経済再興の経済学　丹羽春喜（原書房）三一ページ
(2) 同　一二ページ
(3) 同　一四ページ
(4) 日本経済　繁栄の法則　丹羽春喜（春秋社）五二ページ
(5) 日本経済再興の経済学　丹羽春喜（原書房）六五ページ　第2図
(6) 同　六六ページ
(7) 同　二五ページ
(8) 同　二五ページ
(9) 同　一六七ページ
(10) 同　一八五ページ
(11) 日本経済　繁栄の法則　丹羽春喜（春秋社）七七ページ

(12)同　五二ページ　表一―補一
(13)幻影のグローバル資本主義（下）　ケインズの予言　佐伯啓思（ＰＨＰ新書）
一九七ページ
(14)真実のともし火を消してはならない　中丸薫（サンマーク出版）三七ページ
(15)同　四〇ページ

第六章

(1)日本経済新聞二〇〇三年四月三十日付号　「ノーベル経済学賞受賞者　来日記念シンポジウム特集」

第七章

(1)諸君！二〇〇二年十月号　一三四ページ
(2)世界はなぜ、破壊へ向かうのか　中丸薫（文芸社）二二五ページ
(3)同　二二六ページ

第九章

(1)幻影のグローバル資本主義（下）　ケインズの予言　佐伯啓思（ＰＨＰ新書）一九七ページ

第十一章

（1）日本経済再興の経済学　丹羽春喜（原書房）六五ページ
（2）同　二五ページ

第二部

第一章

（1）アメリカ外交の魂　中西輝政（集英社）一〇三―一二五ページ
（2）同　一〇六ページ
（3）同　一〇六ページ
（4）同　一〇七ページ
（5）同　一〇九ページ
（6）闇の世界権力はこう動く　中丸薫（徳間書店）一五四ページ
（7）同　一七八ページ
（8）同　一七八ページ
（9）同　一七九ページ

(10)同　一五七ページ

第二章

(1)闇の世界権力はこう動く　中丸薫（徳間書店）一八二ページ
(2)同　一八六ページ
(3)世界はなぜ、破壊へ向かうのか　中丸薫（文芸社）二四二ページ
日本が闇の権力に支配される日は近い　中丸薫（文芸社）三〇ページ
真実のともし火を消してはならない　中丸薫（サンマーク出版）一三二ページ
(4)真実のともし火を消してはならない　中丸薫（サンマーク出版）一四〇ページ
(5)闇の世界権力はこう動く　中丸薫（徳間書店）一二四ページ
(6)同　一二七ページ
(7)〝闇〟の世界　権力構造と人類の指針　中丸薫（文芸社）一九二ページ
(8)闇の世界権力はこう動く　中丸薫（徳間書店）一一九ページ

第三章

(1)〝闇〟の世界　権力構造と人類の指針　中丸薫（文芸社）一四五ページ
(2)同　一五二ページ

(3)同　一四六ページ
(4)同　一四六ページ
(5)同　一五三ページ

第四章

(1)天界の秘義　イマヌエル・スエデンボルグ著　柳瀬芳意訳(静思社)
　段落項目一一一四―一一二七番
(2)天界の秘義　イマヌエル・スエデンボルグ著　柳瀬芳意訳(静思社)
　段落項目一二六五―一二七二番
(3)旧約聖書略解(日本基督教団出版局)二一五ページ
(4)天界の秘義　イマヌエル・スエデンボルグ著　柳瀬芳意訳(静思社)
　段落項目一三五七番
(5)世界はなぜ、破壊へ向かうのか　中丸薫(文芸社)八三―八七ページ
日本が闇の権力に支配される日は近い　中丸薫　(文芸社)

第五章

(1)〝闇〟の世界　権力構造と人類の指針　中丸薫(文芸社)二六〇ページ

第六章

(1)世界はなぜ、破壊へ向かうのか　中丸薫（文芸社）二六六―二七二ページ
国際テロを操る闇の権力者たち　中丸薫（文芸社）一二〇―一四二ページ
(2)〝闇〟の世界　権力構造と人類の指針　中丸薫（文芸社）二〇三―二〇六ページ、二一四、一三〇ページ
(3)日本が闇の権力に支配される日は近い　中丸薫（文芸社）三六ページ
(4)日本が闇の権力に支配される日は近い　中丸薫（文芸社）九一―九八ページ
明治天皇の孫が語る　闇の世界とユダヤ　中丸薫（文芸社）一三五―一三六ページ
世界はなぜ、破壊へ向かうのか　中丸薫（文芸社）二四三、二四四ページ
(5)日本が闇の権力に支配される日は近い　中丸薫（文芸社）三五、三六ページ
(6)日本が闇の権力に支配される日は近い　中丸薫（文芸社）二〇〇―二〇四ページ
真実のともし火を消してはならない　中丸薫（サンマーク出版）二七―四八ページ
(7)真実のともし火を消してはならない　中丸薫（サンマーク出版）二七―九六ページ
(8)真実のともし火を消してはならない　中丸薫（サンマーク出版）七〇ページ
(9)闇の世界権力はこう動く　中丸薫（徳間書店）六六―八二ページ
(10)闇の世界権力はこう動く　中丸薫（徳間書店）八四、八五ページ
〝闇〟の世界　権力構造と人類の指針　中丸薫（文芸社）一四二、一四三ページ

(11)世界はなぜ、破壊へ向かうのか　中丸薫（文芸社）二八六、二八七ページ
(12)国際テロを操る闇の権力者たち　中丸薫（文芸社）二二一ページ
(13)世界はなぜ、破壊へ向かうのか　中丸薫（文芸社）二二八ページ
(14)闇の世界権力はこう動く　中丸薫（徳間書店）一一六ページ
(15)明治天皇の孫が語る　闇の世界とユダヤ　中丸薫（文芸社）一九三、一九四、一九五ページ
(16)真実のともし火を消してはならない　中丸薫（サンマーク出版）二七三ページ
(17)闇の世界権力はこう動く　中丸薫（徳間書店）一二八ページ
国際テロを操る闇の権力者たち　中丸薫（文芸社）一五二ページ
(18)ぶっ壊します！泥棒国家日本と闇の権力構造　中丸薫、ベンジャミン・フルフォード（徳間書店）
一八八―一九〇ページ
(19)国際テロを操る闇の権力者たち　中丸薫（文芸社）八三―八六ページ
(20)真実のともし火を消してはならない　中丸薫（サンマーク出版）一二七
(21)国際テロを操る闇の権力者たち　中丸薫（文芸社）八六ページ
(22)韋駄天資料室ＨＰ――バイオチップ・インプラントと新世界秩序
(23)真実のともし火を消してはならない　中丸薫（サンマーク出版）一二四ページ
(24)日本人は神を発見できるか　茶谷好晴（たま出版）一四三―一四四ページ
(25)真の基督教　イマヌエル・スエデンボルグ著　柳瀬芳意訳（静思社）段落項目八七番

(26) 国際テロを操る闇の権力者たち　中丸薫（文芸社）八三—八六ページ
(27) 同　八三—八六ページ
(28) 世界はなぜ、破壊へ向かうのか　中丸薫（文芸社）二八五ページ
(29) 真実のともし火を消してはならない　中丸薫（サンマーク出版）一四四ページ
(30) 明治天皇の孫が語る　闇の世界とユダヤ　中丸薫（文芸社）一二九ページ
世界はなぜ、破壊へ向かうのか　中丸薫（文芸社）二三八ページ
(31) 日本が闇の権力に支配される日は近い　中丸薫（文芸社）一二八—一三二ページ、一五二—一五六ページ
(32) 闇の世界権力はこう動く　中丸薫（徳間書店）一九六ページ
(33) 闇の世界権力はこう動く　中丸薫（徳間書店）二〇〇ページ

第七章

(1) 日本人は神を発見できるか　茶谷好晴（たま出版）一四四ページ
(2) 真の基督教　イマヌエル・スエデンボルグ著　柳瀬芳意訳（静思社）段落項目一〇七、一〇八番
(3) 朝日新聞二〇〇三年三月四日付号

第三部

第一章

第二章

（1）天界と秘義　イマヌエル・スエデンボルグ著　柳瀬芳意訳（静思社）段落項目三三五五番、八六七八番
（2）天界と地獄　イマヌエル・スエデンボルグ著　柳瀬芳意訳（静思社）段落項目五三八番

第三章

（1）諸君！　二〇〇三年八月号　二八ページ
正論　二〇〇二年十月号　八九ページ

第四章

（1）人口から読む日本の歴史　鬼頭宏（講談社学術文庫）一九ページ
（2）中国４０００年の真実――侵略と戦慄　杉山徹宗（祥伝社）六五ページ
（3）天界と地獄　イマヌエル・スエデンボルグ著　柳瀬芳意訳（静思社）段落項目五七七番
（4）発言者　２００４年10月号　ＶＯＬ１２６　四六―四九ページに富岡浩一郎氏の関連論評あり

(5) 中国4000年の真実——侵略と戦慄　杉山徹宗（祥伝社）二四九ページ
(6) 中国4000年の真実——侵略と戦慄　杉山徹宗（祥伝社）二五一ページ
(7) 日はまた沈む　ビル・エモット（草思社）九〇ページ
(8) 軍事帝国　中国の最終目的　杉山徹宗（祥伝社）一四三ページ
(9) 軍事帝国　中国の最終目的　杉山徹宗（祥伝社）三三ページ
(10) 天界と地獄　イマヌエル・スエデンボルグ著　柳瀬芳意訳（静思社）段落項目五三八番
(11) 軍事帝国　中国の最終目的　杉山徹宗（祥伝社）二六三ページ
(12) 天界と地獄　イマヌエル・スエデンボルグ著　柳瀬芳意訳（静思社）段落項目五三八番
(13) 中国は日本を併合する　平松茂雄（講談社インターナショナル）一七一ページ
(14) 宇宙からの訪問者　ジョージ・アダムスキー著　久保田八郎訳（ユニバース出版社）一四六ページ
(15) 日本の「敵」　中西輝政（文藝春秋）一四九—一五三ページ
(16) 日本の「敵」　中西輝政（文藝春秋）一五三ページ
(17) 中国は日本を併合する　平松茂雄（講談社インターナショナル）一九〇、一九一ページ
(18) 〝闇〟の世界　権力構造と人類の指針　中丸薫（文芸社）一八四ページ
闇の世界権力はこう動く　中丸薫（徳間書店）一三三—一三六、一四七ページ
(19) 親日派のための弁明　金完燮著　荒木和博、荒木信子訳（草思社）二ページ
(20) 暴かれた現在史　中西輝政（諸君！　二〇〇六年三月号）二八ページ

(21) この国を支配／管理する者たち　中丸薫、菅沼光弘（徳間書店）七七ページ
(22) 空飛ぶ円盤と超科学　村田正雄（白光出版）五二―六二ページ
宇宙人と地球の未来　村田正雄（白光出版）三一六ページ
(23) 闇の世界権力をくつがえす日本人の力　中丸薫（徳間書店）二八二―二八三ページ
(24) この国を支配／管理する者たち　中丸薫、菅沼光弘（徳間書店）一九二ページ
(25) 諸君！二〇〇六年三月号　四三ページ

第四部

第一章

(1) 真のキリスト教　イマヌエル・スエデンボルグ著　柳瀬芳意訳（静思社）
段落項目一三三、一三四番
(2) 密教　超能力のカリキュラム　桐山靖雄（平河出版）一九三ページ

第五章

(1) 生命の光誌、二八〇、五二四号
(2) エン・クリスト　五六号

著者略歴

茶谷 好晴（ちゃや よしはる）

1935年（昭和10年）旧満州国、現中国遼寧省撫順市に生まれる。
1960年（昭和35年）九州大學工学部応用化学科卒業。

若き日、内村鑑三の流れをくむ、原始キリスト福音の提唱者である手島郁郎先生に師事し、クンダリーニを体験する。
手島郁郎先生召天後、藤井武の門下生、小池辰雄先生に聖書を学ぶ。

著書に「日本人は神を発見できるか」（たま出版）がある。

日本民族は国家を防衛できるか 霊学から探る国家戦略

2006年10月18日　初版第１刷発行

著　　者　茶谷 好晴
発 行 者　韮澤 潤一郎
発 行 所　株式会社 たま出版
〒160-0004　東京都新宿区四谷４－28－20
☎03-5369-3051（代表）
http://tamabook.com
振替　00130-5-94804

印 刷 所　図書印刷株式会社

ISBN4-8127-0217-8 C0011